Comment réussir ses études

en comptabilité

La compétence est liée au respect de l'enseignement,

dans l'éthique professionnelle.

AB + Publications

Comment réussir ses études en comptabilité

par

Sylvie Deslauriers, PhD, MSc

FCPA, FCA, FCMA, CPA (FL), CMA (US)

professeure en sciences comptables

Université du Québec à Trois-Rivières

Québec, Canada

AB + Publications

Comment réussir ses études en comptabilité
par Sylvie Deslauriers, PhD

© 2016 AB + Publications

Infographie : Audrey Morasse
Mes sincères remerciements à tous les étudiants ayant croisé mon chemin, en particulier à Alizada, Christian, Dave, Glodie, Martin, Mélissa et Pierre-Antoine.

AB+
Publications®

B. P. 38
St-Alban, Québec
Canada
G0A 3B0
info@ABplusPublications.com
www.ABplusPublications.com

ISBN 978-0-928067-07-8   (format *ebook* 978-1-928067-12-2)

Dépôt légal : 2016
Bibliothèque nationale du Canada
Bibliothèque et Archives nationales du Québec

AUTRES VOLUMES ÉCRITS PAR SYLVIE DESLAURIERS :
Comptabilisez vos succès Le guide à la rédaction de cas
   © 2018 ISBN 978-1-928067-11-5
Comptabilisez vos succès Longs cas - Rôle en Certification
   © 2017 ISBN 978-1-928067-09-2
Comptabilisez vos succès Longs cas - Rôle en Gestion de la performance
   © 2017 ISBN 978-1-928067-10-8
Trucs payants pour enseigner les cas, © 2012 ISBN 978-0-973803-86-0
CGA = COMPETENCY (*English only*), © 2013 ISBN 978-0-973803-87-7

PRÉFACE

Cher(ère) étudiant(e) en comptabilité,

Au fil de mes diverses expériences, j'ai développé bon nombre de trucs et conseils me permettant une approche plus efficiente lorsque vient le temps d'étudier, de préparer et de réussir un examen. Votre temps est précieux et apprendre à se concentrer sur l'essentiel est une attitude gagnante.

Comment obtenir davantage en fournissant les mêmes efforts? On peut constamment améliorer les résultats obtenus en choisissant les moyens les plus utiles et les plus appropriés, c'est-à-dire ceux qui offrent une plus grande valeur ajoutée.

Compte tenu de cet objectif d'apprendre à travailler dans l'efficience, on peut trouver des façons de rendre l'apprentissage des concepts plus intéressant. Comment résumer l'information d'une manière plus visuelle? De quelle manière faire ressortir les interrelations entre les sujets? Et, finalement, comment favoriser la rétention à long terme?

Je suis heureuse de partager avec vous la somme de mon travail, dans l'accomplissement de votre propre réussite.

Dr. Sylvie Deslauriers

Comment réussir ses études en comptabilité

TABLE DES MATIÈRES

Partie 1 : Être en classe 1

Le travail préalable
L'écoute active
La prise de notes
La révision des notes de cours

Partie 2 : Apprendre à apprendre 15

La planification
Les concepts à l'étude
Les exercices et problèmes
L'apprentissage continu

Partie 3 : Préparer un examen 37

La planification de la révision
Les concepts clés
La rétention de la matière
Le moment de lâcher-prise

Partie 4 : Réussir un examen 59

La planification
Le contenu de la réponse
La présentation de la réponse
La rétroaction

Partie 5 : Travailler en équipe 89

L'échange d'idées
La correction inter-collègues
Les travaux écrits

Partie 1
Être en classe

Le travail préalable
L'écoute active
La prise de notes
La révision des notes de cours

« Il faut utiliser avec efficience le temps disponible. »

Partie 1
Être en classe

D'emblée, je désire mentionner qu'il m'apparaît indispensable d'assister à tous les cours prévus dans votre programme de formation. Dans le cheminement de votre apprentissage, « Être en classe » est d'une utilité incontestable. Vos professeurs sont présents pour expliquer, structurer, résumer et démontrer les notions. Il faut assurément trouver le moyen d'utiliser au mieux ce qui vous est offert. Ne perdez pas de vue l'objectif de chercher à comprendre le plus rapidement possible la matière au programme.

POINT DE VUE

Certains étudiants choisissent volontairement de ne pas assister à certaines séances d'enseignement. Ils considèrent, entre autres qu'ils peuvent effectuer le travail par eux-mêmes. Ils pensent ainsi gagner du temps.

Par expérience, je peux vous dire que c'est rarement une bonne stratégie. D'une part, il arrive ainsi qu'un étudiant remette à plus tard ce qu'il pourrait faire au fur et à mesure de l'avancement de la session d'étude. Or, la matière qui n'a pas encore été étudiée diminue la vitesse d'apprentissage des sujets qui suivent. D'autre part, le travail individuel nécessaire pour remplacer un cours excède généralement la durée du cours en lui-même. En effectuant une analyse coûts-avantages, on se rend vite compte que ce n'est pas une bonne idée.

Finalement, il ne faut pas croire que la totalité des faits marquants d'un cours nous est rapportée par l'un ou l'autre de nos collègues.

Le travail préalable

Je vous suggère de prendre le temps de planifier les cours auxquels vous assistez. Connaître à l'avance le contenu du prochain cours de son programme de formation est un investissement rentable. Il y a, à mon avis, un travail minimal à faire avant de se présenter en classe; travail qui positionne avec clarté votre apprentissage.

© Comment réussir ses études en comptabilité

Voici ce que je suggère.

  ⓒ *Se référer au plan de cours.* Il m'apparaît tout d'abord important de visualiser le déroulement des cours dans leur ensemble. Avoir identifié le fil conducteur dans l'ordonnancement des sujets permet de placer chacun d'eux – ainsi que les sous-sujets – en perspective les uns avec les autres. Par exemple, les différents postes composant l'actif sont habituellement enseignés en suivant l'ordre de présentation à l'état de la situation financière (bilan), comme suit : Trésorerie, Clients, Stocks, Immobilisations corporelles, etc. De même, vous apprendrez comment calculer le coût de fabrication d'un seul produit avant d'apprendre comment répartir des coûts communs entre plusieurs.

     Faites ressortir le fil conducteur des sujets à l'étude.

    Il faut aussi régulièrement prendre connaissance des éléments qui sont couverts par chacune des séances d'enseignement individuelles. Cela permet de planifier votre lecture préliminaire et de favoriser la prise de notes utiles en classe.

  ⓒ *Effectuer une lecture préliminaire.* Il faut réaliser que tout étudiant se préparant pour le prochain cours se trouve face à de nouveaux sujets qu'il ne maîtrise pas encore. Lorsqu'on assiste à un cours de deux heures portant sur le traitement comptable des immobilisations corporelles, par exemple, l'assimilation des concepts devient de plus en plus difficile au fur et à mesure que le cours progresse. Dans un monde idéal, il est préférable de faire toutes les lectures suggérées au plan de cours avant de se présenter en classe. En pratique, ce n'est pas toujours évident. Il ne faut toutefois pas se présenter en classe les mains vides, d'une part pour que votre apprentissage soit plus efficient et, d'autre part, pour que ce soit plus intéressant.

Situer un sujet dans une perspective globale facilite la compréhension de ses particularités.

POINT DE VUE

Dès le début de vos études en comptabilité, je vous suggère de créer un dossier ou un fichier contenant des informations de base. Il s'agit de regrouper au même endroit le matériel pouvant servir à plus d'un cours, voire tout le programme. Voici des exemples de ce qu'un tel fichier personnel permanent peut contenir :

- un jeu complet d'états financiers modèles;
- une liste de liens web utiles (ex.: www.ifrs.org);
- des formules de base (ex.: ratios) et Tables d'actualisation;
- un glossaire;
- des schémas et tableaux qui résument l'essentiel de la matière d'un simple coup d'œil;
- divers résumés des sujets étudiés.

Avant de vous présenter en classe, je vous suggère d'effectuer à tout le moins une lecture préliminaire des sujets à l'agenda afin de ne pas être complètement perdu après seulement 15 minutes. Par exemple, avant d'assister au cours portant sur les immobilisations corporelles, il faudrait s'être renseigné sur leur nature (définition), pouvoir identifier ce qui fait partie du coût d'acquisition, savoir que ce coût doit être amorti et qu'il existe différentes méthodes pour le faire. Vous pouvez facilement remarquer qu'il s'agit des premières notions présentées dans la Table des matières de tout volume de comptabilité financière. Il ne me paraît pas nécessaire de connaître tous les Comment et tous les Pourquoi jusque dans les détails. Toutefois, en comprenant ce qu'est l'amortissement, par exemple, vous pourrez plus facilement et plus rapidement assimiler le fonctionnement des différentes méthodes expliquées par le professeur.

L'écoute active

Être en classe, c'est une activité dynamique qui requiert une implication mentale constante. Il faut faire davantage que s'asseoir et attendre que le professeur nous transfère son savoir. L'écoute active requiert entraînement et concentration afin de pouvoir établir, dès que possible, les prémisses de base à la compréhension de la matière. L'objectif est simple : comprendre et apprendre le plus de connaissances possibles dans un laps de temps donné.

Voici quelques éléments à considérer afin de favoriser votre apprentissage en classe.

- *Adopter une attitude constructive.* Être positif et vouloir apprendre sont des facteurs clés de succès. Après tout, vous êtes là parce que vous l'avez délibérément choisi. Lorsque vous arrivez en classe, considérez la nouvelle matière qui y sera enseignée comme étant une opportunité plutôt qu'une contrainte. Ayez le réflexe d'utiliser au mieux l'enseignement qui vous est offert. En d'autres termes, ne perdez pas de temps à dénigrer ou critiquer. Soyez plutôt constructif.

- *Rester attentif.* Puisque chaque cours porte sur de nouveaux concepts, il faut se trouver des façons de ne pas perdre de vue le fil conducteur de ce qui est enseigné. Il arrive malheureusement trop souvent que le fait d'être inattentif, ne serait-ce que quelques minutes, entrave la compréhension de ce qui suit. Et, assister à un cours sans vraiment comprendre ce qui se discute est à proscrire.

POINT DE VUE

Le rythme du cours est trop lent pour vous?

Il vous est difficile de demeurer attentif?

↓

Trouvez-vous quelque chose à faire!

Vous pouvez consulter, lire ou annoter le volume de référence, dessiner des schémas qui résument la matière dans la marge, compléter vos notes de cours, ou encore, répondre aux questions de révision du volume.

↓

Demeurez actif et concentré!

P.S. Je fais uniquement référence à des activités reliées à votre formation!

- *Visualiser le déroulement de l'enseignement.* Il m'apparaît important d'examiner la façon dont la matière est présentée afin de pouvoir mieux l'assimiler. En d'autres termes, il faut faire ressortir la structure adoptée. Par exemple, comprendre la nature des coûts variables, semi-variables et fixes est indispensable à la détermination adéquate du seuil de rentabilité ou de la marge sur coûts variables.

Il est fort utile de relever ce qui est préalable d'un sujet à l'autre.

Le fait de s'impliquer activement dans le déroulement d'un cours facilite l'apprentissage.

◔ *Régler les questions en suspens.* Lorsqu'il s'agit d'un point critique dans la compréhension de la matière, il ne faut pas hésiter à poser des questions au professeur. Comprendre ce qui se discute est essentiel afin de retirer le plein potentiel de l'enseignement offert. Toute question qui vous passe par la tête doit être résolue. Lorsque ce n'est pas possible d'obtenir une réponse pendant le déroulement du cours ou lorsque vous jugez qu'il s'agit d'une question de moindre importance, prenez-la en note afin d'y revenir plus tard. Placez un signet à un endroit stratégique, par exemple. Ne laissez JAMAIS une question sans réponse, car elle peut fort bien se trouver à l'examen!

POINT DE VUE

Certains étudiants s'abstiennent systématiquement de poser des questions, par gêne, par peur du ridicule ou par crainte de déranger. Ils ont parfois tout simplement l'impression que le moment n'est jamais propice.

D'une part, je vous suggère de penser d'abord à votre bien-être, c'est-à-dire à vos objectifs personnels d'apprentissage. Vous devez favoriser votre propre réussite. D'autre part, dites-vous que toute question, aussi simple ou absurde puisse-t-elle paraître, a son utilité. Lorsqu'il s'agit d'un concept clé, n'hésitez surtout pas!

En vous aidant vous-même, vous aidez probablement aussi vos collègues.

La prise de notes

Les notes prises pendant le déroulement d'une séance d'enseignement servent de base à l'étude ultérieure de la matière. Il faut donc les construire en étant constamment conscient de cette utilité. Je vous suggère d'ailleurs de vous questionner régulièrement quant à la forme et quant au contenu de vos notes. La plupart des étudiants reproduisent passivement ce que le professeur dit ou ce qui est écrit au tableau.

© Comment réussir ses études en comptabilité

Certes, il s'agit d'une référence de base, mais je vous suggère d'adopter une approche active. Premièrement, analyser ce qui vous est enseigné au fur et à mesure rend l'étude ultérieure plus efficiente et, deuxièmement, cela aide à rester attentif pendant le cours.

Voici quelques trucs qui vous aideront à prendre des notes plus utiles :

- *Identifier de quoi il s'agit.* Écrire la date, le nom du professeur, les sujets vus, les pages concernées du volume de référence ainsi que le numéro de l'exercice fait pendant le cours facilite le classement de l'information. J'insiste particulièrement sur la nécessité d'identifier tout document à l'aide d'un titre révélateur et par quelques mots clés inscrits au début du texte. Quand arrive le temps de l'étude, il ne faut pas perdre de temps à chercher où se trouve l'information.

POINT DE VUE

Les notes que vous prenez en classe font partie intégrante de votre programme de formation. Elles sont lues et relues plus d'une fois. Étant donné leur grande utilité, je vous suggère d'anticiper leur usage au fur et à mesure qu'elles sont créées. Laissez de l'espace afin de pouvoir ajouter des commentaires. Changez de page lorsqu'il s'agit d'un nouveau sujet. Adoptez un système de classement efficace. Par exemple, les questions en suspens peuvent être toujours mises en évidence par un signe distinctif tandis que les titres et sous-titres sont toujours écrits en lettres majuscules de plus grande taille.

- *Remarquer la structure.* Il s'agit de positionner les éléments présentés en classe, les uns par rapport aux autres, en relevant les diverses parties, les préalables et les interrelations. Faites ressortir la Table des matières en utilisant une nomenclature appropriée, telle que 1., 1.1, 1.2, 1.2.1, 1.2.2, etc., ou a, b, c, etc. pour mieux visualiser les étapes, par exemple. On peut aussi facilement souligner, surligner ou changer de couleur afin de mettre en évidence les grandes lignes.

Objectif ultime? Établir des points de repère.

1. PRÉPARATION D'UN BUDGET

  1.1 Prévision des ventes

  1.2 Prévision de la production

    1.2.1 Prévision des achats

    1.2.2 Prévision de la main-d'œuvre

    1.2.3 Prévision des frais indirects de fabrication

      – Frais variables

      – Frais fixes

  1.3 Prévision des frais d'exploitation   etc.

ÉTAPES

Ventes
↓
Production
↓
Achats
↓
Main-d'œuvre
↓
Frais indirects
↓   ↓
Variables   Fixes
↓
Frais d'exploitation

Remarquez le mot « ÉTAPES », le décalage dans la présentation de la structure ainsi que la mise en évidence de l'énumération des frais indirects de fabrication.

À droite, un schéma illustre plus succinctement et plus visuellement les étapes de la préparation d'un budget. Ce schéma peut être créé en classe ou plus tard, lors de l'étude du sujet.

Outre l'avantage de faciliter l'apprentissage en structurant la pensée, faire ressortir la Table des matières vous facilitera la vie lorsque vous voudrez revenir sur un sujet déjà étudié. De plus, tel que mentionné précédemment, cela vous permet de situer le sujet dans une perspective plus globale.

- ☺ *Faire ressortir les définitions.* Les placer en retrait, ou encore, les écrire avec une couleur différente. Il m'apparaît important de reproduire telle quelle la définition donnée en classe tout en laissant de l'espace pour la réécrire par la suite avec vos propres mots. Personnellement, j'inscris les définitions de mots ou d'expressions à part, dans un glossaire que je crée pour chaque matière. Je peux ainsi plus facilement y référer – même au-delà du cours actuel – et apprendre dès le début à utiliser la terminologie appropriée au bon moment.

- ☺ *Prendre du recul.* Quelle que soit l'activité réalisée en classe, il faut en retirer le meilleur. Lorsque le professeur vous demande de jouer le rôle d'un actionnaire qui ne comprend pas les états financiers, essayez de remarquer l'approche utilisée. Cela vous sera utile lorsqu'on vous demandera d'expliquer certaines notions.

Il est essentiel de pouvoir retracer rapidement l'information recherchée.

> *Relever ce qui est important.* Je vous suggère de faire un tri préliminaire de l'information reçue en identifiant dès que possible les sujets ou les aspects les plus importants. Les éléments de moindre importance ou les cas d'exception doivent être signalés comme tels. La définition, par exemple, de ce qu'est une analyse financière verticale est importante. Par contre, il est fort probable que seule la conclusion d'une anecdote racontée par un professeur soit notée, puis identifiée comme telle.

POINT DE VUE

Certains étudiants écrivent tout ce qu'ils voient et entendent alors que d'autres n'écrivent presque rien. Il n'est certes pas évident de trouver le bon dosage quant à la quantité de notes à prendre en classe. Outre le fait que chaque étudiant développe sa propre façon de faire, il faut dire que cela dépend aussi des sujets au programme et du professeur qui les enseigne.

Il faut constamment se rappeler que les notes prises en classe contiennent l'essentiel de la matière et deviennent par le fait même la base à partir de laquelle vous pourrez éventuellement planifier votre étude. Choisissez de prendre en note ce qui accélère votre apprentissage. Si vous n'êtes pas certain de l'utilité de telle ou telle idée, écrivez-là. Vous pourrez toujours l'écarter plus tard.

L'objectif est de relever ce qui est important et d'apprendre à colliger l'information reçue de manière à favoriser l'étude ultérieure. Finalement, gardez à l'esprit le fait qu'écrire pendant un cours vous aide à rester attentif.

Il n'est certes pas nécessaire de prendre en note tout ce qui se dit en classe. Les explications données sur un exemple, un exercice ou un problème peuvent être plus succinctes. En outre, répéter mot à mot ce qui est écrit dans le manuel de référence n'est pas toujours utile. Ne perdez toutefois jamais de vue que les éléments qui déterminent les fondements des concepts théoriques à l'étude sont importants. Ayez le réflexe de faire ressortir et de noter les concepts ou prémisses de base de ce qui vous est enseigné.

> **POINT DE VUE**
>
> S'il vous arrive de manquer quelques mots ou même une phrase complète que vous jugez comme étant importante, je vous suggère de laisser un espace, puis de continuer. Vous pourrez compléter vos notes plus tard en demandant au professeur ou à l'un de vos collègues. Il faut minimiser les moments d'inattention qui peuvent vous faire manquer de précieuses idées.
>
> Rappelez-vous aussi qu'il est possible de sauter certains mots d'une phrase sans pour autant perdre l'essentiel.

- *Faire ressortir les particularités.* Il est également utile de mettre en évidence ce qui caractérise la matière elle-même. Toute équation ou formule doit être identifiée comme telle et tirée à part. Les objectifs, les énumérations, les comparaisons, les avantages et inconvénients, les liens, les relations, etc. doivent être relevés. En outre, les schémas ou tableaux préparés par un professeur sont particulièrement utiles. Votre professeur vous dit que l'aspect « comparaison » est important lorsqu'il s'agit d'une analyse financière par les ratios? Écrivez le mot « COMPARAISON » en lettres majuscules dans la marge, sur chaque page concernée s'il le faut. Un autre vous explique qu'une entreprise peut utiliser un système d'inventaire permanent OU un système d'inventaire périodique? Faites clairement ressortir qu'il s'agit d'un « CHOIX ». De même, faites attention aux mots qui qualifient une situation, tels que « JAMAIS », « RAREMENT », « TOUJOURS » ou « OBLIGATOIRE ».

- *Inscrire à part vos idées personnelles.* Lorsque vous êtes en classe, il vous arrive certainement d'avoir une opinion, de faire des observations ou de vous poser des questions. Tant mieux!, car cela vous permet de rester attentif et impliqué dans votre propre formation. Je vous suggère d'identifier d'une manière différente vos idées personnelles de celles énoncées par votre professeur.

© Comment réussir ses études en comptabilité

Les écrire, par exemple, en retrait ou les signaler avec une autre couleur. Vous pourrez en valider la teneur plus tard. En outre, tel que mentionné ci-dessus, toute question en suspens doit éventuellement être répondue.

Lorsque la résolution d'un exercice ou d'un problème fait partie intégrante d'un cours, il arrive fréquemment que l'on vous demande *a priori* d'essayer de le résoudre par vous-même. Je sais que plusieurs étudiants font cet essai à la mine. Quoi qu'il en soit, je vous suggère d'utiliser un crayon différent lorsque vient le temps de prendre en note la bonne réponse. Personnellement, je n'effacerais pas les erreurs qui ont pu être commises; question de se rappeler de ce qui ne convient pas. Je mettrais un grand « X » dessus ou je placerais le tout entre parenthèses, en prenant note de la réponse appropriée.

POINT DE VUE

Vos notes de cours vous appartiennent, alors faites ce qu'il faut pour qu'elles soient utiles et visuellement intéressantes. Utilisez des abréviations, des symboles, des flèches, des cadres ou des cercles. Soulignez et surlignez de diverses façons.

Soyez créatif dans votre façon de présenter la matière!

Faites l'effort de créer un système d'annotation simple, qui demeure constant d'un cours à l'autre.

_ *Considérer les attentes des professeurs.* Outre la matière proprement dite, bon nombre de professeurs offrent des conseils à leurs étudiants; conseils que je classe en deux catégories. D'une part, les professeurs vont régulièrement mentionner quels sont les sujets importants de leur cours; potentiellement pour les examens. Il va de soi que cette information est à considérer et qu'elle doit être mise en évidence, dans le plan de cours, dans vos notes de cours ou dans votre agenda. Savoir, par exemple, que le professeur s'attend à ce que vous puissiez correctement calculer, puis comptabiliser, les diverses taxes à la consommation lors de la prestation de services, ne doit certainement pas être négligé. Un professeur peut également annoncer que 25 % de son examen portera sur la détermination du coût des stocks. Prenez-en bonne note.

D'autre part, – et c'est moins directement perceptible –, il faut tenir compte de la personnalité du professeur. Deux professeurs enseignant la même matière peuvent avoir des attentes qui diffèrent. Par exemple, il est utile de remarquer que votre professeur d'audit s'intéresse tout particulièrement à l'éthique professionnelle. Il en parle régulièrement et paraît toujours intéressé à discuter de cette question. Vous devez alors prendre conscience de cette préférence et vous assurer de bien maîtriser le sujet.

POINT DE VUE

Les professeurs peuvent également vous donner de bons conseils, d'une portée plus générale, sur la façon de réussir vos études. Certes, la plupart de ces conseils s'appliquent d'abord à la matière qu'ils enseignent, mais ils peuvent également servir à d'autres occasions. La façon dont un professeur explique comment préparer une présentation orale, par exemple, ne devient pas désuète une fois que le cours de ce dernier est terminé.

Je vous suggère de noter à part, dans un cahier ou un fichier informatisé, ces divers trucs et conseils afin de les cumuler au même endroit. Il est ainsi plus facile d'y ajouter des idées au fil de l'avancement de vos études et des expériences que vous vivez. Personnellement, j'amasserais l'information par thème et je garderais toujours ce cahier sous la main.

Prenez donc l'habitude, dès le début de votre programme de formation, de procéder comme tel.

Il faut favoriser son propre apprentissage en identifiant les moyens les plus efficients.

🖉 *Être efficient dans les façons de faire.* Certains étudiants utilisent diverses couleurs qui ont parfois leur signification propre. Par exemple, le surligneur vert peut mettre en évidence les définitions pendant que le surligneur bleu relève les éléments importants. Et ce, peu importe le cours suivi. Vous pouvez aussi créer votre propre système de pictogrammes. L'important est de pouvoir facilement s'y retrouver et, à ce titre, la stabilité dans les façons de faire est un atout.

Quelle que soit votre façon de faire, demandez-vous régulièrement si celle-ci est efficiente.

QUI? QUOI? COMMENT?

Constater, par exemple, que l'on a de la difficulté à se rappeler les concepts clés vus en classe peut signifier que les notes prises pendant les séances d'enseignement sont incomplètes. Se rendre compte que l'on perd du temps à retracer ce qui a été vu en classe peut suggérer de faire un changement dans le système de classement de l'information. Dès que vous constatez que quelque chose ne fonctionne pas bien ou que cela vous ralentit, cherchez la cause, puis trouvez une solution pour mitiger ou éliminer le problème.

N'attendez pas!

POINT DE VUE

Il est d'usage courant que des professeurs accompagnent leur enseignement d'une présentation effectuée à l'aide du logiciel *PowerPoint*, par exemple. À ce moment-là, puisque les diapositives sont habituellement disponibles aux étudiants, je vous suggère d'utiliser le matériel qui vous est offert en tant que point de départ.

Face à un document *Power Point*, il est possible :

– d'ajouter directement toute information qui en bonifie le contenu;

– d'éliminer les pages qui ne contiennent pas d'informations utiles, telle une page de présentation, par un « X » dans le coin supérieur droit, par exemple;

– d'identifier au fur et à mesure ce qui est important.

L'objectif consiste à faire ressortir l'essentiel du document reçu pour le sauvegarder ensuite dans un fichier distinct.

Que prévoyez-vous relire?

La révision des notes de cours

Lorsque vous quittez la classe, j'aimerais souligner l'importance de relire vos notes de cours dès que possible. L'objectif est, d'une part, de vous assurer que vos notes sont complètes. Il faut donc profiter du fait que tout est frais dans votre mémoire. Malgré ce qu'on pourrait croire, au fil du temps, on oublie peu à peu ce qu'on a vu et entendu en classe. Relire ses notes dans un court délai fait partie intégrante du processus de rétention de l'information.

D'autre part, cela permet de faire la liste de ce qui manque pour que vos notes soient complètes. Profitez-en pour relever les définitions, concepts et idées que vous n'avez pas compris. Assurez-vous de régler tout ce qui est en suspens, si possible avant d'entreprendre l'étude des sujets suivants.

POINT DE VUE

Certains étudiants recopient « au propre » les notes prises en classe. Il s'agit d'une idée à considérer, car cela favorise la rétention de l'information. Il faut toutefois dire que cela ne convient pas à tous. Certaines personnes ont absolument besoin d'écrire – et de réécrire – pour comprendre et retenir. D'autres utilisent différents moyens. Je vous suggère à tout le moins d'envisager la possibilité de recopier vos notes – parfois seulement partiellement –, puis de déterminer si cela peut vous convenir. En contrepartie, j'invite ceux qui recopient systématiquement toutes leurs notes à évaluer si cela est utile en toutes circonstances. Les recopier uniquement pour dire qu'on le fait n'est pas nécessaire.

Naturellement, il ne serait pas efficient de recopier ses notes seulement pour en améliorer l'apparence. Ces dernières sont construites pour votre usage personnel; l'important est de vous y retrouver. Ce n'est donc pas grave si elles sont moins bien écrites ou un peu trop condensées par endroit.

Partie 2
Apprendre à apprendre

La planification
Les concepts à l'étude
Les exercices et problèmes
L'apprentissage continu

« Savoir quel est le but visé, autrement dit savoir quel est l'aboutissement du calcul à faire, dirige les efforts vers l'essentiel. »

Partie 2
Apprendre à apprendre

Nous désirons essentiellement devenir des professionnels de la comptabilité. À ce titre, il m'apparaît important de se rappeler que l'objectif premier de toute formation est d'étudier la matière afin de pouvoir éventuellement s'en servir dans la vie réelle. Certes, il va de soi – et c'est d'ailleurs indispensable – de réussir les examens prévus à votre programme d'étude, mais cela ne s'arrête pas là. Il faut « Apprendre à apprendre » afin de mémoriser les concepts et se servir de ses connaissances sur le marché du travail. La présente partie tient compte de cet aspect qu'est la rétention des connaissances à long terme tout en vous aidant à développer divers moyens qui vont faciliter votre apprentissage.

Je désire également vous amener à réaliser qu'il y a des conséquences à ne pas pleinement assimiler tel ou tel sujet. Certes, il peut vous arriver de réussir un examen sans avoir compris l'un ou l'autre des éléments faisant l'objet de l'évaluation. Toutefois, cette lacune dans les connaissances subsiste tout de même et peut certainement entraver la réussite future. Par exemple, les éléments des cours de comptabilité de la première année qui ne sont pas pleinement compris vont augmenter la difficulté à comprendre ceux de la deuxième, et ainsi de suite. Il faut donc constamment s'assurer d'établir solidement ses connaissances, particulièrement lorsqu'il s'agit de concepts fondamentaux.

POINT DE VUE

Il m'arrive régulièrement de constater qu'un manque de connaissances sur des éléments de base en comptabilité a des répercussions plus tard, parfois même jusqu'à la fin du programme de formation. L'impact d'une variation du stock de clôture sur le coût des ventes, par exemple, est un concept que certains étudiants ont de la difficulté à comprendre. Cette faiblesse a des répercussions non seulement sur certains sujets de comptabilité financière avancée, telle la préparation d'états financiers consolidés, mais aussi sur d'autres matières au programme. Ainsi, « la gestion du fonds de roulement » en finance, « la préparation d'un budget de production » en comptabilité de gestion, « le calcul du revenu imposable » en fiscalité et « l'identification des lacunes de contrôle interne » en audit exigent une bonne compréhension de ce concept.

© Comment réussir ses études en comptabilité

> **Bien comprendre les concepts aujourd'hui facilite la compréhension de ceux de demain.**

Il faut également prendre conscience du fait que la capacité de raisonner, de structurer et d'établir des liens de cause à effet se transpose d'une matière à l'autre. Plus vous développez cette capacité d'analyse et plus facile sera votre apprentissage ultérieur. En d'autres termes, l'acquisition de connaissances sera plus efficiente au fil de l'avancement de votre programme de formation. Ne sous-estimez pas la force de cette interaction.

La planification

Afin de vous assurer de faire tout ce qui doit être fait, je vous suggère de prendre le temps de planifier votre étude. Que ce soit fait par écrit ou mentalement, définir QUOI faire et QUAND le faire diminue grandement l'incertitude quant à l'acquisition adéquate des connaissances.

Voici les éléments à considérer.

    Créer un environnement stimulant. Savoir reconnaître ce qui favorise votre apprentissage est un facteur clé de succès. Certains étudiants travaillent uniquement à la bibliothèque de leur école pendant que d'autres fonctionnent mieux à la maison. Mon conseil est le suivant : Ne laissez pas une situation inconfortable perdurer. Dès que quelque chose dérange votre concentration, cherchez un moyen pour améliorer la situation. Il vaut mieux travailler deux heures de manière concentrée – et pouvoir faire autre chose après – que de s'obliger à travailler trois heures dans un environnement inadéquat. Vous êtes dérangé par le bruit ambiant des autres occupants de l'appartement? Mettez des écouteurs, changez d'endroit, ou encore, ajustez votre horaire pour étudier pendant les périodes plus calmes.

Lorsqu'il vous est possible de le faire, planifiez vos périodes d'étude en fonction de la durée de vos examens. Si la plupart d'entre eux durent deux heures, essayez d'étudier deux heures à la fois, sans interruption. Vous aurez ainsi pris l'habitude de rester concentré pendant deux heures d'affilée.

POINT DE VUE

Tout au long de mes nombreuses années d'enseignement, j'ai souvent constaté que le simple fait « de commencer » une activité est l'une des difficultés de l'apprentissage. Autrement dit, l'action « de commencer » l'étude sur les Placements, par exemple, est parfois l'obstacle le plus difficile à surmonter. De plus, cette réticence s'accroît s'il s'agit d'un sujet reconnu comme étant difficile ou tout simplement s'il s'agit d'un sujet « que l'on aime pas ». Une fois cette étape dépassée, le reste s'écoule très souvent beaucoup mieux qu'on ne le pensait.

Je vous suggère donc, d'une part, de ne pas inutilement retarder ce que vous devez faire. Plus vous attendez et plus l'effort requis vous paraîtra élevé. D'autre part, essayez d'identifier ce qui peut vous motiver à commencer l'étude d'un nouveau sujet. Choisissez, par exemple, de le faire au moment le plus propice de votre horaire. Ou bien, trouvez-vous un moyen personnel et original de vous motiver ou de vous récompenser!

🕲 *Étaler l'apprentissage dans le temps.* L'étude de la matière au programme doit être effectuée avec régularité, semaine après semaine. Ne laissez pas s'écouler deux semaines sans étudier la comptabilité financière! Tout d'abord, comprendre l'essentiel du troisième cours de la session, par exemple, favorise l'apprentissage de la matière du quatrième, et ainsi de suite. Aussi, étudier au fil du temps – et pas à la dernière minute – diminue la nervosité inhérente à la perspective de l'examen qui vient. Et, finalement, cela vous laisse une marge de manœuvre pour faire face aux imprévus.

**Il n'est pas toujours possible
de trouver le temps de tout faire,
mais il faut trouver le temps
de faire tout ce qui est important.**

© Comment réussir ses études en comptabilité

POINT DE VUE

L'assimilation de la matière étudiée nécessite du temps. Bien que je ne puisse personnellement pas expliquer le phénomène de manière scientifique, je sais par expérience que le passage du temps favorise l'apprentissage. Ne vous est-il pas déjà arrivé de mieux comprendre les concepts étudiés lorsque vous reprenez vos notes deux jours plus tard ou parfois seulement le matin suivant? Vous n'avez pourtant pas étudié cette matière entre-temps.

Laissez le temps à votre cerveau d'assimiler les notions étudiées. Il travaille pour vous, mais il a besoin d'espace.

⟳ *Établir un plan continu.* En d'autres termes, soyez à la fois flexible et rigoureux. Prenez régulièrement du recul et ajustez-vous aux circonstances. Acceptez les changements ou les imprévus de manière constructive. La « régularisation des comptes » est un sujet plus difficile que vous ne le pensiez *a priori*? Cela ne me surprend pas! Il faut alors redoubler d'efforts pour bien maîtriser les concepts et ce, dès maintenant. Ne dit-on pas d'ailleurs que le fait de « bûcher » sur un sujet fait en sorte qu'on s'en rappelle davantage? Il est important d'étudier régulièrement afin de bénéficier de la possibilité de pouvoir intégrer facilement tout événement imprévu dans votre horaire.

Les concepts à l'étude

Connaître – et éventuellement savoir utiliser – la matière au programme est fondamental. Personnellement, j'analyse constamment ce que j'étudie afin de classer, structurer, schématiser, comparer et comprendre ce qui se passe. En d'autres termes, il va de soi que je me pose des questions sur la matière elle-même, en m'attardant aussi sur la façon dont elle se présente.

Voici les éléments à considérer dans l'apprentissage des concepts.

⟳ *Faire ressortir l'essentiel.* Tout au long de votre étude, il ne faut pas perdre de vue cet objectif de classer les sujets et sous-sujets en fonction de leur importance. Je vous recommande, bien sûr, de comprendre la plus grande partie possible de la matière au programme, pour fins de connaissances personnelles et pour fins d'examen. Toutefois, dans votre apprentissage, il faut tout d'abord apprendre ce qui est essentiel, voire important, pour raffiner dans les détails par la suite.

Afin de vous aider à faire la part des choses, la considération des propos du professeur ainsi que la structure de la Table des matières des divers sujets en cause peuvent vous y aider.

POINT DE VUE

Certains étudiants étudient tout sans faire de distinction entre les concepts majeurs et les cas d'exception. Cela n'est pas si grave si l'on peut investir tout le temps nécessaire pour y arriver. Toutefois, dans le contexte où le temps de l'étude est limité, voire malheureusement parfois un peu trop serré, ne pas identifier correctement ce qui est le plus important peut avoir de fâcheuses conséquences.

Supposons, par exemple, que vous entreprenez l'étude du sujet de comptabilité « Clients ». L'essentiel de ce sujet concerne « l'évaluation des créances clients », c'est-à-dire l'estimation de la provision pour créances douteuses et la façon de la comptabiliser. Ce sont les aspects les plus importants. Certes, il est utile, voire intéressant, de s'informer sur le contrôle interne ou sur la gestion des créances clients, mais cela peut attendre un peu.

Il ne serait également pas approprié « de s'obliger » à étudier de manière égale les deux méthodes suivantes : la détermination d'une provision à partir d'un pourcentage des ventes ou la détermination d'une provision à partir de l'analyse chronologique des créances. La deuxième méthode, plus complexe que la première, requiert davantage de temps.

POINT DE VUE

Je vous suggère de lire un paragraphe en entier avant de l'annoter. Sinon, tout risque d'être en jaune! Si la matière vous paraît difficile, relisez le texte une autre fois plus lentement, à haute voix si nécessaire.

Tout en accompagnant votre apprentissage, vos annotations doivent vous permettre de repérer facilement et rapidement ce que vous cherchez. Il est donc indispensable de faire l'effort de mettre en évidence seulement les éléments clés et les explications importantes.

⟲ *Annoter les volumes de référence.* Par expérience, je peux vous dire que les volumes directement reliés à votre champ disciplinaire seront utiles pendant une longue période, tout au long de vos études, puis dans votre vie professionnelle. Faites davantage que seulement lire les mots, posez-vous des questions et analysez le contenu sous différents angles.

Utilisez votre crayon!

Mettez des signets!

Voici l'exemple d'un texte annoté à la lecture.

L'audit d'états financiers[1]

BUT → utilisateurs PP#3

L'audit a pour but d'augmenter le niveau de confiance que les états financiers inspirent aux utilisateurs visés. Pour que ce but soit atteint, l'auditeur exprime une opinion indiquant si les états financiers ont été préparés, dans tous leurs aspects significatifs, conformément au référentiel d'information financière applicable. Dans le contexte de la plupart des référentiels à usage général, cette opinion consiste à indiquer si les états financiers donnent, dans tous leurs aspects significatifs, une image fidèle conformément au référentiel. Un audit réalisé conformément aux NCA et aux règles de déontologie pertinentes permet à l'auditeur de se former une telle opinion.

COMMENT

IFRS ou NCECF

DÉF?

1. *Normes Canadiennes d'Audit, NCA 200.3, 2016.*

En référence à l'exemple ci-dessus, je désire attirer votre attention sur les points suivants :

– Seuls les mots importants sont surlignés, en quantité raisonnable.

– La mention « BUT → utilisateurs » rappelle succinctement le « pourquoi » de procéder à l'audit d'états financiers.

– Les marges sont utilisées à bon escient.

– Le mot « DÉF? » signale le fait qu'il faut définir ce qu'est une « image fidèle ».

Personnellement, je chercherais immédiatement la réponse à cette question, puis je l'inscrirais sans tarder dans mon glossaire.

« Lire » un texte ne suffit pas. Il faut l'analyser, pour en faire ressortir les composantes.

– On indique dès maintenant à quoi le terme « référentiel » peut faire référence, soit les Normes internationales d'information financière « IFRS » ou les Normes comptables pour les entreprises à capital fermé « NCECF ».

– Le fait que le mot « significatif » apparaisse à deux reprises est relevé afin d'attirer l'attention sur ce concept. Puisqu'il s'agit d'un concept clé, il pourrait d'ailleurs être souligné deux fois plutôt qu'une ou tout simplement surligné avec une autre couleur.

– Le mot « COMMENT » indique l'endroit où le texte explique de quelle façon l'audit atteint son but d'augmenter le niveau de confiance des utilisateurs.

– Deux petits crochets (✔) viennent signaler les normes et règles qui sous-tendent le travail d'audit.

– La mention « PP#3 » fait référence à la diapositive #3 de la présentation *PowerPoint* du professeur.

Outre ce qui précède, je n'hésiterais pas à inscrire, par exemple,

– les lettres a, b, c, pour signaler les trois dates relatives aux dividendes;

    N.B. Une ligne de temps illustre également bien le suivi des dates.

– les numéros 1-, 2-, 3-, etc., pour faire ressortir les étapes de l'établissement d'un chiffrier, ou encore, pour identifier les différentes méthodes d'imputation des frais indirects de fabrication;

– les abréviations « AV » pour « avantage » et « INC » pour « inconvénient » d'être un travailleur autonome pour fins fiscales;

– le calcul justifiant le chiffre obtenu pour le poste Produits reçus d'avance;

– les termes qui qualifient une situation, tels que « supérieur/inférieur », « préférable », « toujours/jamais », « plus grand/petit que »;

– les informations qui complètent tout tableau, schéma ou graphique fourni.

○ *Faire ressortir les relations.*
Personnellement, je cherche
constamment à illustrer ce que
j'apprends en faisant ressortir
la structure, les étapes, les liens
de cause à effet, les connections,
les équations, les similitudes, les
différences, etc.

Par exemple, une fois que j'ai lu,
puis annoté le paragraphe de
l'exemple précédent (page 21), je
me demande si je peux en résumer
le contenu sous une forme plus
schématique.

Je construis alors le schéma suivant.

L'audit d'états financiers

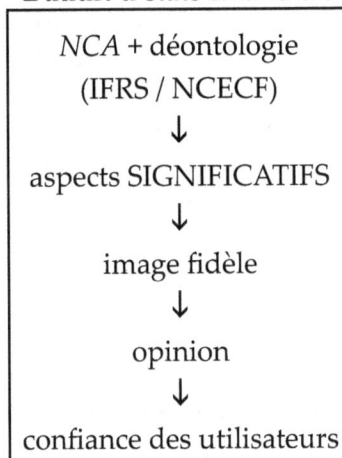

NCA + déontologie
(IFRS / NCECF)
↓
aspects SIGNIFICATIFS
↓
image fidèle
↓
opinion
↓
confiance des utilisateurs

○ *Se poser des questions.* S'il ressort un fait indéniable de l'ensemble des propos que j'émets dans le présent volume, c'est qu'il faut constamment se questionner et analyser ce que l'on étudie. Quelle que soit l'activité d'apprentissage à laquelle on s'adonne, l'exécuter de manière active plutôt que passive crée de la valeur ajoutée à la formation. Dès que vous relevez une particularité, une répétition, un synchronisme, un ordonnancement quelconque ou une relation, prenez le temps de le noter.

POURQUOI?

Les exercices et problèmes

Il m'apparaît impératif de faire des exercices et des problèmes pour bien assimiler la matière. D'une part, en comptabilité, la vitesse de réaction est importante, car le temps est toujours limité. Il s'agit d'une caractéristique inhérente aux examens de notre profession. Et, d'autre part, comprendre la matière – ou « penser » la comprendre – ne signifie pas automatiquement que vous êtes apte à résoudre des exercices et problèmes. Pour y arriver, il n'y a pas vraiment d'autres moyens que celui de répéter plus d'une fois l'application des concepts à l'étude.

Comprendre les concepts est une chose;

les appliquer rapidement en est une autre.

POINT DE VUE

La plupart des volumes de référence contiennent une liste de courtes « questions de révision » à la fin d'un chapitre. Personnellement, j'essaierais d'y répondre immédiatement après la lecture du texte concerné dans le livre de référence. Ce n'est pas nécessaire de le faire par écrit, mais j'essaierais à tout le moins de trouver la réponse sans regarder le recueil de solutions. Je vous suggère de relever les questions qui vous ont particulièrement embêté afin de les réviser plus tard, lorsqu'un examen se pointe.

Voici les éléments à considérer lorsque vient le temps de faire des exercices et problèmes.

- ☙ *Simuler les exercices et problèmes.* Il faut vraiment essayer de résoudre les exercices et problèmes suggérés sans regarder le recueil de solutions. Il est trop facile de se dire « Je le savais! », ou encore, « J'aurais sûrement correctement tenu compte de ce détail! ». Sans avoir véritablement testé vos capacités, vous ne pouvez pas être certain que c'est le cas. Prenez l'habitude de faire appel au recueil de solutions le plus tard possible.

  Il peut certes vous arriver, pendant la résolution de vos exercices et problèmes, de consulter votre volume de référence ou vos notes de cours. Se rafraîchir la mémoire sur un concept ou un autre est préférable à l'action de lire directement la solution. Naturellement, je vous suggère d'analyser la réponse d'un exercice ou problème donné au complet avant de passer au suivant, pour un apprentissage progressif.

  En fait, je vous suggère de chercher continuellement à simuler les conditions d'examen. Ce n'est pas toujours facile, surtout au début, mais votre performance à résoudre des exercices et problèmes – dans le temps alloué s'il vous est donné – fournit une information précieuse.

Il faut SIMULER les exercices et problèmes.

En cours de route, ne perdez pas de vue le fait qu'il vous faudra plus tard réviser la matière pour l'examen. Lorsque vous rencontrez un exercice ou un problème qui révise particulièrement bien la matière, il faut le noter. Certains étudiants prennent le temps de qualifier les exercices et problèmes en inscrivant, par exemple, « IMPORTANT », « COMPLET », « BIEN COMPRIS » ou « À RÉVISER ».

Les volumes de référence présentent toute une série d'exercices et problèmes sur un même aspect de la matière, d'un degré de difficulté allant généralement de « facile » à « difficile ». Personnellement, je les ferais dans l'ordre suggéré au plan de cours. Les exercices et problèmes supplémentaires ou facultatifs peuvent servir lorsque la matière est difficile à assimiler, ou encore, lors de la révision préalable à l'examen. Outre le fait de comprendre la matière vue, il faut savoir l'appliquer sans hésiter; être rapide dans l'exécution. La planification de votre temps d'étude doit absolument tenir compte de cet aspect qu'est la pratique répétée de l'application des concepts.

COMPRENDRE ✛ PRATIQUER

↓

RÉACTION RAPIDE

↓

SUCCÈS

**Une difficulté se pointe?
En faire un défi plutôt qu'un obstacle.**

Partie 2 : Apprendre à apprendre

Je vous suggère fortement de résoudre, du moins en partie, les exercices et problèmes par écrit, à la main (ou à l'ordinateur); pas seulement dans votre tête. Cela force la concrétisation de la pensée. Se pratiquer pour apprendre signifie qu'il faut faire les choses en bonne et due forme. Prenez le temps, par exemple, d'inscrire la description des écritures de journal. Écrivez le détail de votre raisonnement; d'où vient votre chiffre. Faites comme si vous étiez en situation d'examen.

Obtenir le même chiffre que la solution ne signifie pas nécessairement que votre logique est sans faille. Vous pouvez fort bien, par exemple, obtenir un bénéfice net identique à celui de la solution, mais avoir placé au mauvais endroit certains éléments de l'état des résultats (du résultat net). Assurez-vous constamment de bien comprendre le cheminement logique de tous les chiffres de la solution, puis analysez toute différence.

POINT DE VUE

Plusieurs étudiants utilisent des feuilles de travail offrant un cadre qui accélère la résolution des exercices et problèmes. La réplique d'une page de journal général, le dessin de comptes en T ou l'usage d'un chiffrier pré-imprimé est très utile. Il m'apparaît indispensable d'obtenir ces gabarits afin, entre autres, de ne pas perdre de temps à enligner vos chiffres dans les colonnes. Du point de vue de la PRÉSENTATION, c'est un incontournable.

D'un autre côté, il est tentant de créer des gabarits qui ont du CONTENU, en d'autres termes qui contiennent de la matière proprement dite. Par exemple, certains étudiants créent une page « Rapprochement bancaire » où le titre de chacune des sections, ainsi que leurs principales composantes, est déjà inscrit. Je comprends certainement l'idée d'être plus efficient, mais je désire vous sensibiliser au fait qu'avec le temps, le risque est de ne plus remarquer ce qui est écrit dans le gabarit. À l'examen, ne l'ayant pas sous la main, il vous sera peut-être difficile de déterminer si les chèques en circulation, par exemple, doivent être additionnés ou déduits du solde au relevé bancaire. De deux choses l'une : vous réécrivez le contenu à chaque fois ou vous prenez le temps de le relire à chaque fois, jusqu'à pleine assimilation.

(N.B. La bonne réponse est de déduire les chèques en circulation du solde au relevé bancaire.)

🖋 *Apprendre de ses erreurs.* Le commentaire qui suit vous paraîtra peut-être un peu bizarre, mais je vous souhaite de vous tromper et de faire des erreurs pendant votre apprentissage. (Pas à l'examen, il va de soi...) Il s'agit, à tous les coups, d'un signal à ne pas négliger. Il faut naturellement comprendre d'où vient l'erreur, puis identifier quelle est la bonne chose à faire. Si la même erreur survient plus d'une fois, la force du signal reçu vient d'augmenter. Par exemple, un étudiant qui n'arrive jamais à calculer correctement « le coût des stocks à l'état de la situation financière (bilan) » doit absolument prendre les choses en main. Il peut demander de plus amples explications au professeur ou à un collègue. Il peut aussi reprendre un autre jour tous les exercices et problèmes qui en traitent et faire ressortir les particularités. Il pourrait aussi prendre en note ou reproduire sur une feuille à part tous les exemples de coûts incorporables qu'il a rencontrés en cours de route.

*« Il y a sûrement des faiblesses que je ne vois pas,
alors je dois à tout le moins m'occuper de celles que je vois. »*

POINT DE VUE

Certains étudiants arrêtent de faire des exercices et problèmes sur un sujet donné dès qu'ils réussissent un parcours sans faute ou qu'ils « estiment » bien comprendre la matière. Je comprends certainement le fait que nul ne doit perdre son temps avec une activité répétitive qui n'a pas de valeur ajoutée. Je vous suggère toutefois d'identifier comme tels les exercices et problèmes qui n'ont pas été résolus. Je vous suggère aussi de les regarder brièvement, « en diagonale ». Ils contiennent peut-être un détail qui vous a échappé! Vous pourrez remarquer, par exemple, que le taux d'intérêt du problème qui suit est trimestriel plutôt qu'annuel. Il serait alors dommage d'entrevoir cette possibilité, et ses implications sur la réponse à donner, seulement à l'examen!

En outre, tel que mentionné précédemment, la pratique vous aide à acquérir de la vitesse dans la résolution des exercices et problèmes.

Laisser des traces de son passage. Il est aisé de croire que le premier réflexe soit de comparer sa propre réponse au recueil de solutions fourni. Je vous suggère de réaliser cette activité un crayon à la main, d'une couleur différente de celle utilisée pour résoudre l'exercice ou le problème. N'hésitez pas à commenter ce que vous venez de faire. Un « Yeah! » ou un « TB » pour « Très Bien » souligne facilement vos bons coups. Lorsque votre réponse est inadéquate, écrivez à côté ce qui ne va pas ou ce qui manque. N'effacez pas ce qui est erroné; entourez-le si vous voulez, puis ajoutez de courtes explications. Comprendre pourquoi c'est erroné vous aide à comprendre ce qui est adéquat.

POINT DE VUE

Lorsque l'on corrige ses propres solutions aux exercices et problèmes – ou à la rigueur ceux d'un collègue –, il est important de faire ressortir ce qui est « À RETENIR ». Que ce soit sous la forme d'une mise en garde, d'une idée à ne pas oublier ou d'un rappel de concept clé, ces commentaires vont rapidement attirer votre attention lors d'une révision ultérieure. D'ailleurs, le seul fait de les écrire vous aidera à vous en rappeler.

Voici des exemples de tels commentaires :

– Assure-toi que ton écriture balance! DÉBIT = CRÉDIT

– Coût de fabrication ≠ Coût des ventes

– Ne pas confondre levier d'exploitation et levier financier.

– Semestriel? N'oublie pas de multiplier la charge d'intérêts par 6/12 mois!

– Investissement? Penser à la relation RISQUE-RENDEMENT.

Aller au-delà des solutions suggérées. La plupart des étudiants considèrent seulement les chiffres – et parfois même seulement le résultat final – du recueil de solutions. Ils ne prennent pas le temps d'en analyser le contenu ou de lire les explications ou commentaires, s'il y en a. Je vous suggère de le faire et de prendre aussi un peu de temps pour examiner la situation dans son ensemble. Essayez également de voir au-delà de l'exercice ou du problème afin d'expliquer davantage la matière.

Voici des exemples qui illustrent ce que je veux dire.

*Peut-on
prouver
ou valider
le chiffre
de la
solution?*

– Le prix de vente d'un article est de 15 $. Les frais variables sont de 5 $ l'unité et les frais fixes s'élèvent à 5 000 $. Quel est le seuil de rentabilité?

SOLUTION : Le seuil de rentabilité est de **500** unités (5 000 $ / (15 $ - 5 $)).

PREUVE : Ventes (**500** x 15) - coûts variables (**500** x 5) - coûts fixes (5 000 $) = profit 0.

– L'addition des montants en dividendes distribués aux actionnaires privilégiés et aux actionnaires ordinaires doit égaler la somme totale à distribuer en dividendes.

EXEMPLES

*Existe-t-il
un moyen
différent
d'arriver
à la même
réponse?*

– La question mentionne que les ventes du mois de juin s'élevant à 200 000 $ seront encaissées à part égales en juin et en juillet. Le contrôleur considère que 2 % des ventes sont irrécouvrables. Quels sont les encaissements de juin?

SOLUTION :

200 000 $ – (0,02 x 200 000 $) = 196 000 $

196 000 $ x 50 % = 98 000 $.

CALCUL ALTERNATIF :

200 000 $ x 0,98 x 0,50 = 98 000 $.

– Bénéfice avant impôts = Bénéfice après impôts + Impôts
– Faire une seule écriture de journal qui regroupe les deux écritures présentées dans le recueil de solutions, et *vice versa*.
– Calculer une valeur actualisée à l'aide d'une formule ou d'une Table d'actualisation plutôt qu'avec la calculatrice financière.

Atteindre la bonne réponse ne suffit pas.
Il faut parfaire sa compréhension.

POINT DE VUE

Je vous invite à examiner les exemples ci-dessus d'un point de vue strictement mathématique. Prouver le chiffre du recueil de solutions ou trouver un autre moyen d'y arriver consiste tout simplement à envisager les relations sous un angle différent. Certes, l'essentiel est de comprendre la matière, mais considérer l'aspect mathématique des relations à l'étude peut vous aider à le faire. Après tout, est-il possible que le fait d'être « bon en math » soit l'une des raisons vous ayant amené à considérer une formation en comptabilité?

Faire ressortir les particularités. Je vous suggère ceci : Lorsque vous venez de terminer un exercice ou un problème, essayez d'identifier ce qui le caractérise le plus. En quoi est-ce que l'approche de cet exercice ou de ce problème diffère du précédent? Puisqu'il est rare de rencontrer deux problèmes testant la même matière, de la même manière, établir quelles sont les différences permet de faire un tour d'horizon des diverses possibilités. Il arrive d'ailleurs que le fait de comprendre les cas d'exception vous permette de préciser la règle générale.

Par exemple, lorsque la question demande d'établir la prévision des ventes, l'information fournie peut prendre diverses formes. Ainsi, le problème 5 peut fournir les ventes prévues en quantité et le prix de vente unitaire de chacun des articles. Quant au problème 6, il fournit les ventes prévues en dollars par région géographique. Finalement, compte tenu d'une prévision de la production déjà établie, le problème 7 vous demande plutôt de réconcilier le chiffre de la prévision des ventes. Avoir conscience de la diversité des informations menant à l'établissement de la prévision des ventes favorise le développement de sa capacité d'adaptation face aux imprévus.

Finalement, prenez le temps de classer vos exercices et problèmes. Si ce n'est pas déjà fait, inscrivez dans la marge le qualificatif « facile », « +/- » ou « difficile », ainsi que le temps estimé pour résoudre chacun d'eux. Cela vous sera utile lorsque viendra le temps de préparer vos examens. Aussi, tel que mentionné ci-dessus, je vous suggère d'identifier tous les exercices ou problèmes qui résument particulièrement bien la matière, ou encore, qui portent sur un aspect qui vous pose davantage de difficulté.

POINT DE VUE

Je désire essentiellement vous amener à prendre du recul face aux exercices et problèmes que vous faites. Les examiner sous un angle différent ou comparer l'approche de l'un avec celle de l'autre provoque divers questionnements sur la matière. Cela permet une assimilation plus vaste des concepts.

Lorsque vous venez de terminer une série d'exercices ou problèmes sur un même sujet, prenez quelques minutes pour les observer dans leur ensemble. Cela vous permettra de faire ressortir les aspects clés. Par exemple, les mots « privilégié », « cumulatif » ou « participant » doivent attirer votre attention dès que la question porte sur la répartition des dividendes entre diverses catégories d'actions.

Vous remarquerez ainsi, qu'à moins d'avis contraire, le paiement de la prime annuelle d'assurances s'inscrit en totalité au poste Assurances payées d'avance de l'actif et que la durée d'un contrat d'assurances est de 12 mois.

L'apprentissage continu

On peut continuellement apprendre quelque chose. Il y a toujours un sujet qu'on ne saisit pas bien ou un aspect davantage nébuleux. Même en réussissant bien un examen donné, vous pourrez trouver que telle ou telle notion reste à parfaire. Accepter ce fait comme étant un défi plutôt qu'un irritant rend la formation plus agréable.

Voici quelques éléments à considérer dans le développement de vos connaissances.

- *Faire le suivi de votre apprentissage.* Laissez le moins de choses possibles au hasard. Toutes les questions que vous soulevez doivent être répondues. Les sujets importants doivent être bien maîtrisés. Faites un budget de temps flexible. Essayez d'améliorer « ce qui ne va pas » dès que possible, tout en remarquant ce qui va bien ou qui s'améliore. Ayez une longueur d'avance!

  Afin d'étudier avec efficience, c'est-à-dire en minimisant les pertes de temps, je vous suggère de prendre l'habitude de noter les informations de même nature de la même manière. Par exemple, les questions en suspens peuvent toujours se situer dans la marge de gauche et s'accompagner d'un grand « ? », ou encore, être listées sur une page à part. Vous pouvez d'ailleurs inscrire toute question, ainsi que sa réponse, dans un tableau de deux colonnes.

> **Ne pas savoir exactement ce qui se passe
> est en soi une source de *stress*
> qui se contrôle facilement.**

Aussi, les concepts clés peuvent être surlignés avec une couleur particulière, disons en bleu, tandis que les explications du dit concept sont surlignées en jaune. L'abréviation « IMP » pour « important » peut être inscrite en lettres majuscules à côté d'une accolade qui signale ce qui est concerné. Et finalement, faites la distinction entre les concepts théoriques et leur application pratique.

Il m'apparaît fort utile de prendre le temps d'établir une façon de faire qui vous permettra de retracer plus facilement ce que vous cherchez. Prenez le temps d'établir ce qui vous convient personnellement, puis faites l'effort de suivre ce que vous avez décidé. La stabilité dans votre façon d'établir les points de repère tout au long de vos études vous permettra d'être plus efficient.

POINT DE VUE

Il faut être conscient qu'une certaine partie de ce qui est lu ou fait pendant l'étude ne le sera qu'une seule fois. Il est fort possible qu'il s'agisse d'éléments qui sont parfaitement bien compris ou d'éléments peu importants. Personnellement, lorsque je suis certaine qu'il en est ainsi, j'écris un petit « x » à côté du texte en question. Je signale également de cette manière les exercices ou problèmes qu'il me serait inutile de revoir.

☺ *Faire des résumés.* Avec le temps, vous cumulez bon nombre d'informations provenant de diverses sources. Vous utilisez les documents remis par le professeur, vous lisez votre volume de référence, puis vous appliquez la matière à l'aide d'exercices ou de problèmes. Il faut, tout au long de ce processus, se rappeler qu'il faudra, à un moment ou un autre, synthétiser la matière.

En d'autres termes, il faudra prendre le temps de la résumer afin de pouvoir trouver au même endroit l'information la plus pertinente. Il faut donc faire ressortir l'essentiel de chaque sujet en évitant les répétitions et en supprimant ce qui est inutile. Lorsqu'il est bien fait, un tel résumé devient alors le principal document de référence de votre étude ultérieure.

POINT DE VUE

Étant donné le nombre et la diversité des sources d'information, je vous suggère d'établir quelles sont vos principales sources de référence. Ces documents, gardés sous la main, deviennent ainsi la première base de référence consultée lors d'un quelconque questionnement. Choisissez des références crédibles d'origine. Il est ainsi préférable de consulter directement le texte des normes comptables plutôt que d'utiliser un résumé trouvé sur le web.

Lorsque vous préparez un résumé sur un sujet donné, je vous suggère de considérer dans un même mouvement toutes les sources d'information disponibles. Choisissez celle qui vous paraît la plus utile, dans sa façon de mettre en évidence ce qui est important. Commencez votre résumé en suivant la structure de ce document, puis consultez régulièrement les autres sources d'information afin de le compléter. N'attendez pas d'avoir résumé tout ce qui concerne un sujet avant de consulter d'autres sources, pour ne pas avoir à revenir sur ce qui est déjà fait. Sur votre résumé, indiquez brièvement la référence aux documents utilisés. Personnellement, je place un crochet (√) ou j'inscris « OK » à côté du titre des sections qui ont été résumées.

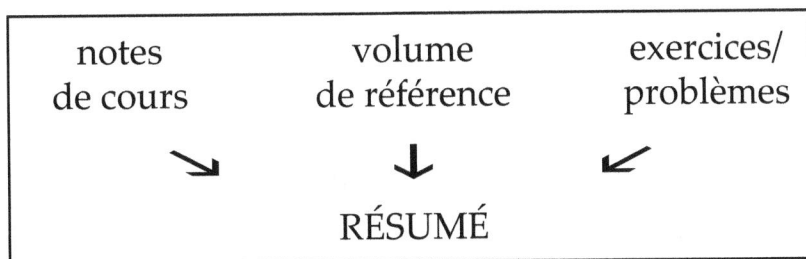

---

notes de cours	volume de référence	exercices/ problèmes
↘	↓	↙
	RÉSUMÉ	

POINT DE VUE

Faire des résumés de la matière au programme est une activité qui varie beaucoup d'un étudiant à l'autre. Certains préparent des résumés qui sont quasiment aussi longs que leurs notes de cours. D'autres n'en font pas du tout. Je vous signale que l'utilité première d'un résumé est de faciliter VOTRE apprentissage. Reproduire à peu près tout ce qui est écrit dans les notes de cours peut aider quelqu'un qui a de la difficulté avec un sujet donné. Il lui faudra toutefois éventuellement reprendre ce long résumé pour le réduire peu à peu. J'aimerais ajouter que cette façon de faire ne doit pas être systématiquement utilisée à toutes les fois. Il faut s'adapter aux circonstances.

D'un autre côté, à mon avis, l'étudiant qui ne résume pas la matière se prive de réaliser une étape critique dans l'acquisition des connaissances. Je suis fondamentalement convaincue qu'il faut à tout le moins prendre le temps de s'arrêter pour prendre du recul et faire ressortir les concepts clés des sujets à l'étude. Je vais revenir sur cet aspect dans la Partie 3 qui porte sur la préparation d'un examen.

◎ *Penser post-examen.* Les notes de cours, et particulièrement les résumés de la matière, sont souvent utiles au-delà de l'examen qui vient. Même s'il n'est pas prévu que cette matière soit directement évaluée à l'examen suivant, il arrive couramment que ce soit implicite. Comprendre parfaitement la différence entre un poste de l'état des résultats (du résultat net) et un poste de l'état de la situation financière (bilan), par exemple, est fort utile lorsqu'arrive le temps de la régularisation des comptes.

Je vous suggère de développer le réflexe de consulter vos documents des cours précédents. Prenez l'habitude de le faire, dès qu'une faiblesse dans votre compréhension d'un sujet déjà étudié se pointe, ou tout simplement lorsque votre mémoire vous rappelle qu'elle est une faculté qui oublie.

La maîtrise des concepts de base
est essentielle à la réussite.

© Comment réussir ses études en comptabilité

POINT DE VUE

Certains étudiants jettent systématiquement leurs feuilles de travail et cahiers de notes une fois la session terminée. Je ne m'explique pas vraiment cette façon de faire. Par expérience, je sais qu'il est fréquemment utile de revenir sur un cours précédent afin de réviser ou de confirmer certaines notions. Par exemple, connaître la nature des coûts directs et des coûts indirects est indispensable en comptabilité de gestion et en finance. S'il arrive que l'on ne comprenne pas bien ce sujet dans le cours de finance, on peut alors revoir les notes prises en comptabilité de gestion, et *vice versa*.

En fait, on peut dire avec certitude que les notions de comptabilité financière sont très utiles ultérieurement, tout au long de votre formation, et même au-delà. Si l'on ne comprend pas bien de quoi se composent les états financiers, comment peut-on correctement calculer le bénéfice imposable ou effectuer de manière adéquate une analyse financière comparative?

Croyez-moi sur parole, étudier en considérant
que l'apprentissage excède l'examen qui vient
dynamise tout ce que vous faites.

Dans la faisabilité de ce que je vous propose ci-dessus, l'information doit être facilement accessible. Certes, vos principales sources de référence présentent tous une Table des Matières facile à consulter. J'insiste toutefois sur le fait que les documents que vous avez créés – notes personnelles et résumés – sont très précieux. Ils doivent être facilement accessibles et peuvent même, pour un moment, être épinglés sur votre tableau d'affiche.

Afin de les retrouver facilement, il faut être rigoureux dans le classement de l'information. Placer dans un même dossier le plan de cours, les documents distribués par le professeur, les notes de cours et les résumés, en ordre chronologique, est l'idéal. Il est certainement possible de numériser les documents faits à la main. Personnellement, je classerais ces documents par cours ou par thème, dans un seul et même fichier, placé bien en évidence sur le bureau de mon ordinateur.

Partie 3
Préparer un examen

La planification de la révision
Les concepts clés
La rétention de la matière
Le moment de lâcher-prise

« Il faut se trouver des moyens pour retenir les concepts théoriques clés. »

traduit de : © Deslauriers Sylvie, *CGA = COMPETENCY*, 2013, page 67.

Partie 3
Préparer un examen

L'évaluation de la performance à l'aide de tests et d'examens est une caractéristique inhérente à tout programme de formation en comptabilité. Apprendre le plus tôt possible à s'y préparer avec efficience est un investissement fort rentable.

La planification de la révision

J'attire votre attention sur le fait que j'utilise ici le mot « révision ». C'est que je considère que la matière assujettie à l'examen a été – du moins dans l'essentiel – précédemment étudiée. Il convient maintenant de prévoir le temps nécessaire pour réviser et parfaire ses connaissances, pour une meilleure réussite.

Voici quelques éléments à considérer lorsqu'il s'agit de « Préparer un examen ».

    ℭ *Faire la liste des indispensables.* En tout premier lieu, assurez-vous d'avoir sous la main toute l'information nécessaire à votre préparation. Allez vérifier dans votre agenda ou dans vos notes de cours quelle est la matière qui sera évaluée à l'examen. Si votre professeur a mentionné, par exemple, que le problème #5 représente bien ce qu'est un rapprochement bancaire, il faut assurément revoir ce problème, – mais certainement pas l'apprendre par cœur! De même, s'il a mentionné que l'aspect « gestion » de l'encaisse n'est pas assujetti à l'examen, il faut mettre de côté ce sujet.

OBJECTIFS
↓
MOYENS
↓
RÉSULTATS

Au besoin, allez confirmer vos informations afin de ne pas perdre votre temps; temps d'autant plus précieux qu'un examen approche.

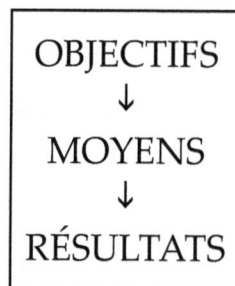

POINT DE VUE

Lorsqu'arrive le temps de se préparer à un examen, certains étudiants se lancent dans leur révision sans suffisamment planifier ce qu'ils comptent faire. Il arrive ainsi qu'ils passent trop de temps sur un sujet de moindre importance ou sur un sujet qu'ils aiment davantage. Ou pire, certains étudiants passent trop de temps sur des sujets qu'ils maîtrisent déjà. C'est confortable.

Or, afin de réussir ses examens, il m'apparaît essentiel de maîtriser d'abord ce qui est important. Il faut également déterminer avec objectivité quelles sont les faiblesses qu'il est nécessaire de corriger ou à tout le moins de minimiser. Un étudiant, par exemple, qui sait qu'il n'est pas assez rapide lorsqu'il prépare un rapprochement bancaire doit chercher comment mitiger cette faiblesse. Il peut se pratiquer davantage ou se trouver des trucs afin de pouvoir plus rapidement établir les composantes.

RÉVISER des notions déjà étudiées solidifie la compréhension.

Je vous suggère de prendre le temps de mettre par écrit la liste des « choses à faire » dans votre révision. Découpez ce que vous avez à faire en plusieurs étapes et parties précises. Planifiez ainsi les sujets à revoir, les exercices et problèmes à résoudre, ainsi que les résumés à créer. Identifiez clairement ce qui est indispensable et placez un signe quelconque à côté des sujets avec lesquels vous avez de la difficulté. Établissez des priorités dès que vous le pouvez. Aussi, pensez à diversifier les différents moyens d'apprentissage. Faites une partie à la main et l'autre à l'ordinateur, par exemple. Alternez théorie et pratique.

Personnellement, je place toujours mon plan d'étude bien en évidence afin de pouvoir barrer au fur et à mesure ce qui est fait. C'est plus motivant!

Partie 3 : Préparer un examen

EXAMEN COMPTABILITÉ 1ER NOVEMBRE

...

L'ENCAISSE

- Rapprochement bancaire   90 min.

     Revoir composantes

     Refaire exercice 3

     Refaire problème 5 IMP

     Réviser les corrections d'erreur !!!

     Faire résumé + Apprendre la structure

- Petite Caisse   20-30 min.

     Revoir exercice 7 (écriture de renflouement!) ***

...

N.B. Puisqu'il s'agit d'un plan personnel, il peut certainement être davantage abrégé. Ex.: « CTB », pour « comptabilité », « PC » pour « Petite Caisse », etc.

En utilisant l'exemple ci-dessus, je désire attirer votre attention sur les points suivants :

- Afin de bien cibler l'action à entreprendre, chaque chose à faire débute par un verbe à l'infinitif.

- Afin de planifier suffisamment de temps pour la préparation de l'examen, le temps nécessaire à la réalisation de chaque partie est estimé.

- Afin de ne rien oublier d'important ou afin d'attirer l'attention, différents signes sont utilisés, tels que « !!! », « IMP » ou « *** ».

✑ *Prévoir suffisamment de temps.* Mettez toutes les chances de votre côté en inscrivant dans votre horaire le temps nécessaire à une préparation adéquate. Prévoyez les imprévus! En d'autres termes, gardez-vous une marge de manœuvre en ne planifiant pas votre étude dans un temps tellement serré qu'elle se termine tout juste 15 minutes avant le début de l'examen. Dans une telle situation, une partie de la révision sera automatiquement escamotée dès qu'un imprévu survient.

POINT DE VUE

Je sais que certains étudiants attendent à la dernière minute pour étudier l'examen prévu le lendemain, et ce, même s'il est généralement reconnu que ce n'est pas une bonne stratégie. Certes, en certaines circonstances, il arrive qu'un étudiant puisse tout de même obtenir la note de passage.

Cette façon de fonctionner présente toutefois plusieurs inconvénients. Premièrement, le facteur *stress* est grandement accru, entre autres parce qu'on ne peut pas être certain de réussir à maîtriser ce qui est essentiel dans un laps de temps limité. Dans ces conditions, on peut d'ailleurs dire qu'on apprend moins vite et moins bien. Cela amplifie d'ailleurs l'incertitude quant à la réussite de l'examen.

Deuxièmement, la matière vite apprise est également vite oubliée. L'apprentissage ne se termine pas le jour d'un examen et, tel que mentionné précédemment dans ce volume, la matière qui n'est pas comprise maintenant risque fort d'entraver votre compréhension de ce qui suit. En d'autres termes, le temps que vous n'investissez pas maintenant vous sera demandé plus tard.

POINT DE VUE

Je sais que certains étudiants préfèrent se lever tôt pour étudier le jour même d'un examen. Si tel est votre cas, et pour les raisons énoncées précédemment, je vous recommande de ne pas garder l'étude des points essentiels pour ce moment-là.

Effectuer un dernier tour d'horizon? OUI.

Débuter l'étude d'un nouveau sujet? NON.

**Il faut trouver le moment parfait
pour réviser la matière :
pas trop à l'avance
sans être à la dernière minute.**

Malgré ce qui précède, je sais bien qu'il arrive qu'un étudiant ne planifie pas de manière adéquate son horaire et qu'il n'a donc pas, dans ces circonstances, la possibilité d'étudier ou de réviser pleinement la matière couverte par l'examen. Si vous êtes dans cette situation, considérez ceci : Il vaut mieux connaître 70 % des quatre sujets importants que 100 % des deux premiers seulement.

@ *Obtenir de l'aide au besoin.* Il ne faut surtout pas hésiter à clarifier ce que vous ne comprenez pas. Demandez à votre professeur ou à vos collègues. Il n'y a pas de questions idiotes ou inutiles et sachez qu'il arrive trop souvent qu'un élément incompris se trouve justement à l'examen. Au pire, envoyez un courriel lorsque le tête-à-tête vous gêne. Lorsque des périodes d'aide pédagogique sont prévues à l'horaire, profitez-en. Par expérience, je peux vous dire que même les étudiants parmi les meilleurs de la classe « s'échappent » à dire quelque chose d'aberrant de temps à autre. Personne n'est à l'abri.

QUESTION
PRÉCISE
↓
RÉPONSE
PRÉCISE

Je vous suggère de chercher constamment à préciser vos questions. Dire, par exemple, « Je ne comprends rien aux méthodes de détermination du coût des stocks. » est trop vaste. Prenez-le temps d'étudier le sujet par vous-même afin d'identifier précisément quelle partie vous ne comprenez pas. Dire par exemple « Je ne comprends pas ce qu'est un bien fongible » est plus concret.

Il arrive parfois que des séances d'enseignement supplémentaires soient prévues. Lors de ces séances, *a priori* facultatives, la résolution d'un ou deux problèmes particulièrement intégrateurs est généralement présentée. Je considère qu'il faut profiter automatiquement de cette possibilité de réviser la matière à l'aide de problèmes choisis par le professeur. Ces problèmes reflètent habituellement bien l'une ou l'autre des questions de l'examen.

Les concepts clés

La préparation adéquate d'un examen consiste à s'assurer de comprendre les concepts clés. Il faut ainsi, à l'aide des explications et des applications, prendre du recul afin de faire ressortir les fondements conceptuels des sujets et sous-sujets au programme. Leur maîtrise est indispensable à la réussite de tout examen.

    Revoir exercices et problèmes. Il est important d'être rapide dans la résolution d'un exercice ou problème. Comprendre la matière, décrire comment l'appliquer ou avoir tout son temps pour le faire est une chose, pouvoir résoudre un exercice ou un problème rapidement en est une autre. Ne comptez pas sur la possibilité qu'il y ait du temps disponible à l'examen pour réfléchir longuement, réviser ou peaufiner vos réponses. Cela n'arrive pas souvent.

    Il est donc indispensable de revoir certains exercices et problèmes, d'une part pour vous assurer que vous maîtrisez bien la matière et, d'autre part, pour améliorer votre rapidité d'exécution. Si vous ne l'avez pas fait jusqu'ici, il est maintenant temps de résoudre certains exercices ou problèmes particulièrement complets en respectant autant que possible le temps suggéré. Pour les autres, vous pouvez tout simplement valider votre compréhension en effectuant la démarche dans votre tête, pour ensuite comparer votre logique avec celle du recueil de solutions.

POINT DE VUE

Certains étudiants apprennent « par cœur » un ou deux exercices ou problèmes « modèles ». Je ne recommande certainement pas une telle approche qui m'apparaît beaucoup trop risquée. Retenir sans comprendre, puis appliquer sans discernement, est une façon de faire qui ne fonctionne plus dès que la question est posée d'une manière différente.

Il n'est certainement pas nécessaire de refaire tous les exercices et problèmes prévus au plan de cours. Prenez ceux qui intègrent bien la matière, soit ceux que vous avez identifiés comme tels lors de votre étude préalable. Il s'agit habituellement des exercices ou problèmes comportant un degré de difficulté plus élevé. Faites également le tour des notes que vous avez prises sur chacun d'eux afin de vous remémorer les particularités des sujets à l'étude. Ne tenez surtout pas pour acquis que l'examen sera facile et ce, même si le professeur a laissé entendre qu'il en serait ainsi.

44

POINT DE VUE

Il arrive que des professeurs distribuent des exercices supplémentaires ou qu'ils mettent à votre disposition un ou deux anciens examens. Si tel est le cas, n'hésitez surtout pas à utiliser ce matériel. Faites une simulation de même durée que l'examen lui-même. Étudiez la solution proposée en détail.

Si vous ne disposez pas d'un tel matériel, essayez d'obtenir de l'information de la part de vos collègues plus avancés du même programme de formation que le vôtre. Savoir, par exemple, qu'un tel professeur demande habituellement de dresser l'état des résultats (du résultat net) pour deux niveaux de production en *a)*, pour demander ensuite, en *b)*, de les comparer, est une information à considérer. Certes, rien ne garantie que ce sera de même lors de votre examen, mais vous devez à tout le moins vous y préparer. On peut aussi apprendre que les examens du professeur contiennent généralement cinq questions dont deux plus difficiles que les autres. Cela vous permettra d'ajuster votre stratégie d'examen en conséquence.

**Optimiser son processus d'apprentissage
est un gage de succès
allant bien au-delà de la réussite d'un examen.**

Aborder la matière sous un angle différent. Je vous invite à chercher des façons originales et différentes de réviser la matière. Servez-vous de votre imagination de manière constructive. Cela rend votre étude plus intéressante, solidifie vos acquis et complète votre compréhension. Vous serez ainsi apte à réagir plus promptement à toute situation nouvelle ou différente qui pourrait vous être présentée à l'examen.

Voici quelques exemples de ce que je veux dire.

Faites ressortir les liens de cause à effet.

EXEMPLES

Utilisez des flèches afin d'établir les relations de cause à effet ou d'identifier le fil conducteur. Pensez au mot DONC qui vous permet d'exprimer les conséquences des éléments les uns sur les autres.

> faillite d'un client → montant irrécouvrable
> → radiation de la créance client
>
> coûts fixes élevés → seuil de rentabilité élevé
>
> taxes perçues sur les ventes → à remettre à l'État → passif

Faites des mathématiques.

EXEMPLES

Construisez des équations algébriques, puis examinez le lien entre elles. Cela vous permettra de comprendre la logique des relations entre les diverses composantes et d'établir correctement une variable inconnue à l'aide des autres.

> Produits - Coûts variables = Marge sur coûts variables
> ↓
> Marge sur coûts variables - Coûts fixes = Bénéfice net
>
> **ET**
>
> Produits - Coût des ventes (directs et indirects de production)
> = Marge brute
> ↓
> Marge brute - autres coûts (autres que production) = Bénéfice net

Examiner l'information sous la forme d'équations vous permet, d'une part, de mieux distinguer les concepts de Marge sur coûts variables et de Marge brute et, d'autre part, de pouvoir déterminer par différence à combien s'élève les coûts indirects, par exemple.

Prenez les choses à rebours.

EXEMPLE

Examinez de quelle manière les choses se présentent en suivant un cheminement différent. Au lieu d'utiliser la façon habituelle, où l'on part du point A, pour aller jusqu'au point C en passant par B, faites l'inverse. Ce faisant, vous arriverez bien souvent à établir des moyens différents d'arriver au même résultat.

> Se demander à combien doit s'élever le poste Produits perçus d'avance à l'état de la situation financière (bilan) permet de déterminer ou du moins de valider le montant figurant dans l'écriture de régularisation.

POINT DE VUE

Dans la présente partie, les trucs et conseils que je vous donne faciliteront la préparation de vos examens. Naturellement, rien ne vous empêche d'utiliser l'un ou l'autre d'entre eux tout au long de vos études.

Essayez d'apprendre à aimer ce que vous faites. La tâche d'acquérir de nouvelles connaissances est grandement facilitée lorsque c'est fait avec intérêt. Prenez le temps d'identifier quelles sont les façons de faire qui vous plaisent davantage et qui vous aident à rester concentré. Personnellement, j'aime beaucoup exprimer les notions que j'étudie à l'aide de schémas de diverses formes. Tout en apprenant mieux, cela m'intéresse davantage.

Faites ressortir les relations.

EXEMPLES

Exprimez les relations de la manière suivante :

« **Quand il y a …, il faut penser à (aux) … »**

> **Quand il y a** remboursement de dettes,
>
>   **il faut penser à** inscrire au préalable les intérêts courus.
>
> **Quand il y a** disposition de placements,
>
>   **il faut penser aux** règles fiscales sur le gain en capital.

© Comment réussir ses études en comptabilité

Décortiquez la matière.

EXEMPLES

- Faites ressortir les étapes, les composantes, ainsi que les relations.
  - Dessinez une ligne de temps pour mieux visualiser ce qui se passe.
    - Comparez les méthodes et les définitions.
      - Faites des associations.

Tous les postes de l'actif ont ce point commun d'être initialement inscrits à leur coût d'acquisition additionné des coûts directs.

Que la subvention liée à un actif soit présentée en produits différés ou en déduction de l'actif, le résultat net est le même. Seule la présentation à l'état de la situation financière (bilan) change.

POINT DE VUE

Les trucs d'apprentissage que je vous suggère dans la présente partie peuvent être exécutés de diverses manières. Certains étudiants s'expliquent la matière à eux-mêmes à haute voix. D'autres écrivent au fur et à mesure ce qu'ils apprennent, pas toujours de manière claire ou ordonnée. Finalement, certains se procurent un tableau qu'ils accrochent au mur afin de pouvoir étudier debout. Ils peuvent ainsi résoudre des exercices et problèmes, créer des tableaux, des diagrammes ou des schémas, qu'ils recopient – ou pas – au propre lorsqu'ils ont terminé.

⟲ *Finaliser ses résumés.* Le résumé idéal contient l'essentiel des concepts présentés de manière claire, logique et concise. En général, un résumé préparé au début de l'étude d'un sujet donné est plus long qu'un résumé préparé plus tard dans le temps. En fait, plus on avance dans l'étude, plus on devient apte à identifier les concepts clés. C'est la raison pour laquelle je vous suggère de revoir vos résumés dans le cadre de la préparation d'un examen. Vous pouvez surligner ce qui est important ou tout simplement en créer un plus succinct.

Partie 3 : Préparer un examen

Personnellement, j'évite autant que possible de résumer la matière par de longues phrases présentées dans un texte continu. J'essaie aussi de trouver différentes façons de présenter l'information afin de mieux faire ressortir les grandes lignes des sujets à l'étude. J'essaie autant que possible de m'en tenir à une seule page par thème afin de pouvoir contempler d'un seul regard les concepts clés.[1] Je place régulièrement ces pages bien en vue sur mon tableau d'affiche. Cela stimule ma mémoire photographique!

**Un résumé court et visuel
facilite la rétention de la matière.**

POINT DE VUE

Il est certainement utile d'examiner les tableaux, graphiques, dessins ou autres déjà fournis dans vos volumes de référence. Un tableau qui présente, par exemple, la liste des composantes d'un rapprochement bancaire peut à la rigueur tout simplement être repris tel quel. Une photocopie de la page du volume que vous avez acheté se transporte facilement. Certains étudiants placent ainsi au même endroit tous les tableaux récapitulatifs de la matière au programme.

Je vous suggère néanmoins de réaliser l'essentiel de la création par vous-même, surtout lorsqu'il s'agit d'un sujet important. Vous pouvez certainement utiliser le cadre qui vous est fourni en tant que point de départ et y ajouter vos propres explications. Je vous suggère d'ailleurs d'ajouter des exemples de ce que peut contenir chacune des composantes du rapprochement bancaire. Il n'est pas toujours facile, par exemple, de déterminer si une Correction d'erreur doit être additionnée ou soustraite du solde du poste Trésorerie.

---

1   Lorsqu'ils sont créés à l'ordinateur, les résumés peuvent être facilement classés, consultés, puis mis à jour. Ils peuvent également être placés dans le dossier contenant vos informations de base. (réf. p. 4)

© Comment réussir ses études en comptabilité

Voici un exemple de tableau construit afin d'illustrer de manière comparative la différence entre une dépense en capital et une dépense d'exploitation. Au fur et à mesure de la résolution des exercices et problèmes, des exemples ont été ajoutés afin d'illustrer les concepts.

IMMOBILISATIONS – COÛTS ENGAGÉS APRÈS LA DATE D'ACQUISITION[1]	
ACCROÎTRE LE POTENTIEL / AUGMENTER LE RENDEMENT ↓ AMÉLIORATION (avantages économiques futurs > 1 an) ↓ DÉPENSE EN CAPITAL	MAINTENIR LE POTENTIEL / MAINTENIR EN BON ÉTAT ↓ ENTRETIEN ET RÉPARATIONS courte durée ↓ DÉPENSE D'EXPLOITATION
DT – ACTIF (ou ↓ amortissement cumulé si remplacement d'une partie *) √ Capacité de production augmentée : Ex.: agrandissement usine √ Réduction des frais d'exploitation : Ex.: automatisation chaîne montage √ Qualité des extrants améliorée : Ex.: ajout au système de mesure électronique √ Prolongement de la durée de vie : Ex.: Remplacement moteur camion * Ex.: Importante réparation d'un équipement	DT – DÉPENSE État des résultats (résultat net) Exemples : – Nettoyage mensuel de l'usine – Peinture des bureaux du siège social – ENTRETIEN (changement d'huile) – Réparations mineures
JUGEMENT – S'ADAPTER AUX CIRCONSTANCES – VOIR POURQUOI LES COÛTS ONT ÉTÉ ENGAGÉS – ⟶ IMPORTANCE DES MONTANTS EN CAUSE ⟵	

1 *Normes comptables pour les entreprises à capital fermé, 3061.14, 2016.*

Il est certainement possible que le tableau précédent découle d'un plus long résumé préparé lors de la lecture du volume de référence. Certains étudiants pourraient procéder ainsi, particulièrement lorsque le sujet leur pose quelques difficultés. Pour d'autres, la construction directe du tableau précédent pourrait suffire.

Voici d'autres exemples de tableaux pouvant être créés.

POSTE	Définition	DT/CT	État financier
...	...	...	...

CENTRE DE RESPONSABILITÉ	Centre de ventes	Centre de coûts	Centre de profit	Centre d'investissement
Responsabilités du gestionnaire				
Exemples				
Avantages				
Inconvénients				
Évaluation de la performance – dirigeant				
Évaluation de la performance – division				
Prix de cession interne				
Etc.				

Créer des fiches-info. Dans le cadre de la préparation finale d'un examen, il faut se trouver des moyens pour retenir la matière et y avoir accès au moment voulu. Je vous suggère de créer ce que j'appelle des fiches-info; fiches qui rappelle l'essentiel de la matière étudiée d'un seul coup d'œil. Il s'agit de construire de brefs aide-mémoire composés seulement de quelques mots clés. En d'autres termes, les fiches-info sont des cartes qui rappellent les concepts essentiels d'un sujet.

```
┌─────────────────┐
│    RÉSUMÉ       │
│       ↓         │
│   CONCEPTS      │
│    CLÉS         │
│       ↓         │
│  FICHES-INFO    │
└─────────────────┘
```

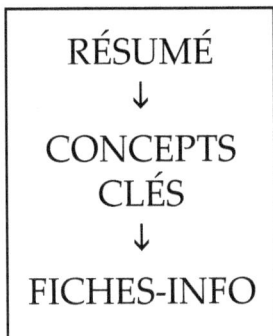

Je sais qu'il n'est pas dans l'habitude de tous les étudiants de préparer des résumés de la matière étudiée. La longueur et le contenu de ces résumés peuvent d'ailleurs varier grandement pour l'un et pour l'autre. Certains étudiants y présente la matière sous la forme de vrai ou faux, par exemple.

Chacun étudie de la manière qui lui convient. Je vous encourage toutefois à expérimenter diverses façons de faire.

Quelle que soit votre façon d'étudier, je vous recommande à tout le moins de créer des fiches-info. Faites l'effort de prendre du recul et de faire état, de manière succincte et organisée, des notions clés des sujets importants. À partir du tableau présenté à la page 49, voici un exemple de la fiche-info qui peut être construite.

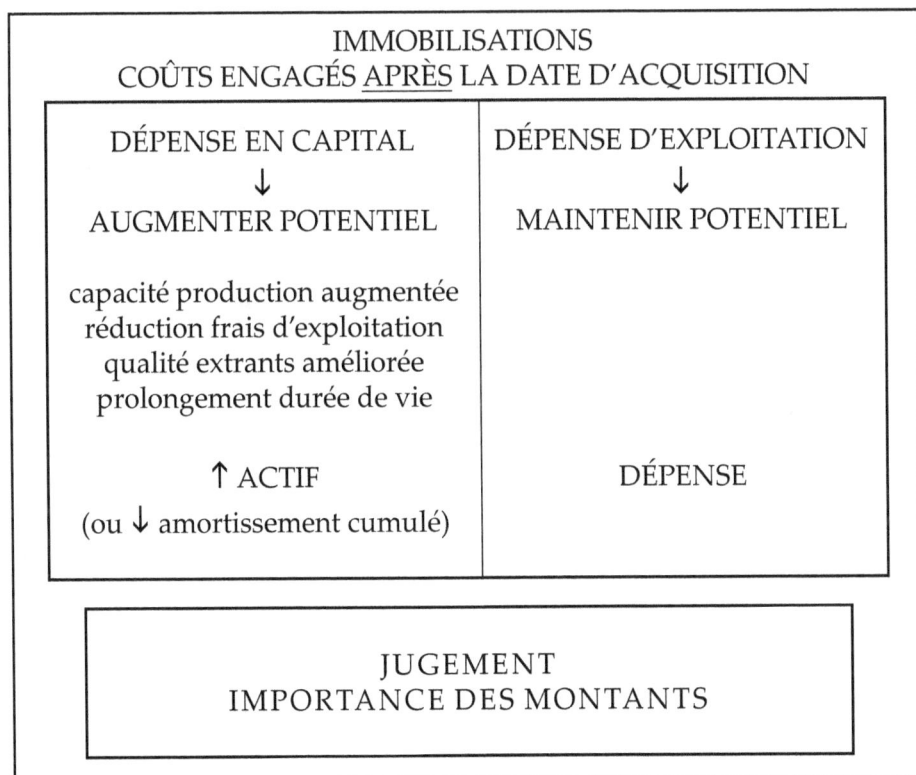

IMMOBILISATIONS COÛTS ENGAGÉS APRÈS LA DATE D'ACQUISITION	
DÉPENSE EN CAPITAL ↓ AUGMENTER POTENTIEL	DÉPENSE D'EXPLOITATION ↓ MAINTENIR POTENTIEL
capacité production augmentée réduction frais d'exploitation qualité extrants améliorée prolongement durée de vie	
↑ ACTIF (ou ↓ amortissement cumulé)	DÉPENSE
JUGEMENT IMPORTANCE DES MONTANTS	

N.B. Certains mots pourraient être davantage abrégés.

Il faut constamment chercher le moyen le plus efficient d'atteindre le résultat visé.

POINT DE VUE

Parce qu'elles rappellent en quelques mots choisis quels sont les concepts clés d'un sujet, les fiches-info sont un outil de mémorisation très efficient. Elles contiennent ce qu'il faut pour vous rafraîchir rapidement la mémoire. Par exemple, il se peut que vous ayez résumé, dans un tableau, les caractéristiques du financement par emprunt et du financement par actions.

En ayant créé un tel cadre de référence, comparatif de surcroît, l'application des concepts sera plus facile à faire à l'examen.

Voici un autre exemple de fiche-info :

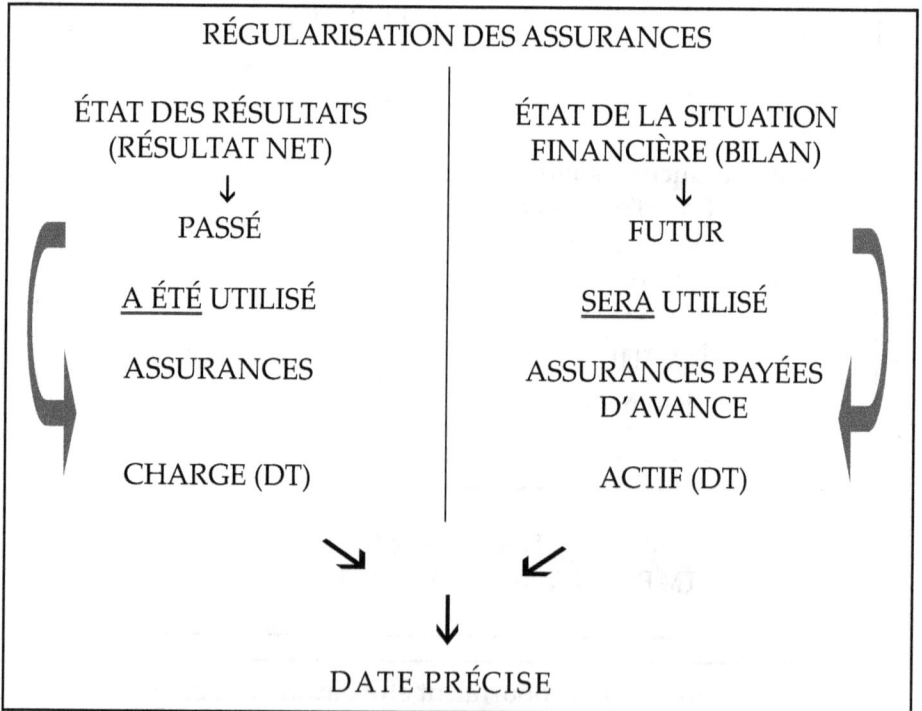

RÉGULARISATION DES ASSURANCES

ÉTAT DES RÉSULTATS (RÉSULTAT NET)	ÉTAT DE LA SITUATION FINANCIÈRE (BILAN)
↓	↓
PASSÉ	FUTUR
A ÉTÉ UTILISÉ	SERA UTILISÉ
ASSURANCES	ASSURANCES PAYÉES D'AVANCE
CHARGE (DT)	ACTIF (DT)

↓

DATE PRÉCISE

Cette fiche-info reprend les concepts de base de la comptabilisation des assurances. Elle présente le raisonnement menant à la détermination de l'écriture de régularisation des postes Assurances et Assurances payées d'avance. Certains étudiants pourraient vouloir y ajouter un exemple chiffré, à titre d'illustration. Il faut toutefois se rappeler qu'à la veille d'un examen, les résumés doivent être succincts.

Mentionnons finalement que le cadre de base présenté ci-dessus est fondamental. La logique démontrée s'applique également à la comptabilisation des fournitures.

POINT DE VUE

La plupart des étudiants créent leurs fiches-info à la main, tout simplement parce qu'écrire les concepts facilite leur rétention. Certains les écrivent directement sur des fiches proprement dites, soit de petits cartons (3 X 5 po), tout simplement parce que cela les force à faire ressortir l'essentiel d'un sujet donné.

En étant facilement transportables, les fiches-info peuvent être rapidement consultées. Elles peuvent être classées par matière une fois l'examen terminé, en utilisant le même ordonnancement que le plan comptable, par exemple. Avoir sous la main l'essentiel des concepts clés de tous les sujets vus en comptabilité financière depuis le début de ses études est très utile. De même, les divers moyens de financement étudiés en finance peuvent être ordonnancés en fonction de l'horizon temporel (ex.: la marge de crédit avant le papier commercial) ou du risque financier (ex.: l'emprunt hypothécaire avant les obligations).

Si telle est votre préférence, la création d'un fichier informatisé contenant vos diverses fiches-info peut naturellement répondre aux mêmes objectifs. L'avantage est de pouvoir facilement trouver ce que l'on cherche à l'aide de mots clés.

Que doit-on consulter tout juste avant l'examen? Les fiches-info!

La rétention de la matière

Retenir la matière pour qu'elle soit accessible au bon moment pendant l'examen est indispensable à la réussite. La comprendre est une chose; pouvoir y faire appel rapidement en est une autre. Par expérience, je peux vous dire qu'il est souvent utile de donner un sens à ses souvenirs et d'associer ses connaissances à diverses situations. En d'autres termes, établissez des points de repère explicites – exprimés verbalement s'il le faut – qui faciliteront l'accès aux informations.

Voici quelques trucs qui vous aideront à retenir la matière à l'étude. Je les ai utilisés moi-même ou je les ai obtenus d'étudiants rencontrés au cours des années.

    ☺ *Visualiser la matière.* Tel que discuté précédemment, préparer des tableaux, des schémas, diagrammes et dessins, puis des fiches-infos est très utile. La plupart des étudiants visualisent clairement dans leur tête, au moment voulu, les documents ainsi préparés. Ne dit-on pas qu'une image vaut mille mots?

        Certains étudiants se servent même de situations réelles ou inusitées pour illustrer les concepts clés. On peut ainsi établir l'écriture de régularisation du poste Assurances en illustrant le passage du temps à l'aide de barres de chocolat.

        Faites des analogies. Remarquez, par exemple, que la mise à jour de l'amortissement est la première étape à faire lorsque des coûts ultérieurs à l'acquisition sont engagés ET aussi lors de la décomptabilisation d'une immobilisation. C'est la même chose pour les immobilisations incorporelles.

        Donnez-vous des points de repère dans la résolution d'un exercice ou problème type.

        Créez ainsi des protocoles.

    ☺ *Se trouver des trucs.* N'ayez pas peur d'inventer des trucs pour vous aider à retenir la matière étudiée. Ce sont parfois les trucs les plus « bizarres » qui fonctionnent le mieux. Certains soulignent deux ou trois fois les mots clés de leurs résumés avec des couleurs différentes. D'autres recopient leurs résumés. Pourquoi pas?

        Prenez le temps de déterminer ce qui vous pose des difficultés et cherchez à minimiser la faiblesse relevée. Par exemple, un étudiant qui a de la difficulté avec les chiffres exprimés en pourcentage peut tout simplement les diviser par 100 afin de mieux saisir ce qui se passe. L'important est d'arriver au but.

Voici quelques trucs, que j'ai utilisés moi-même ou que j'ai obtenus d'étudiants rencontrés au cours des années.

Considérer l'ordre alphabétique.

> Un étudiant qui n'arrivait pas à se rappeler que les dividendes **Arriérés** doivent être distribués avant les dividendes **Cumulatifs** de la période courante s'est dit que la lettre **A** précède la lettre **C**.

Penser au nombre d'informations nécessaires.

> Une étudiante qui oubliait toujours de considérer l'un ou l'autre des éléments nécessaires au calcul de la charge d'intérêts s'est dit qu'il y en avait TROIS à trouver :
>
> (1-) montant de l'emprunt x (2-) taux d'intérêt x (3-) période
>
> Puisqu'elle cherchait systématiquement trois éléments d'information dans toute question d'examen, elle n'a plus jamais oubliée de considérer le nombre de mois/jours dans son calcul.

Former une suite de lettres ou un mot qui résume la situation.

FIACRE

> Une immobilisation incorporelle résultant du développement (ou de la phase de développement d'un projet interne) doit être comptabilisée si, et seulement si, une entité peut démontrer tout ce qui suit :[1]
>
> **F :** Faisabilité technique nécessaire à l'achèvement
> **I :** Intention d'achever et d'utiliser/de vendre
> **A :** Avantages économiques futurs probables (existence d'un marché)
> **C :** Capacité d'utiliser/de vendre
> **R :** Ressources techniques, financières et autres disponibles
> **E :** Évaluation fiable des dépenses attribuables
>
> 1. *Normes internationales d'information financière,* IAS 38.57, 2016.

56

Jouer avec le sens des mots ou les mots eux-mêmes.

SURVALEUR → SUR = au-dessus → vaut davantage que...
→ POSITIF

BUDGET FLEXIBLE → qui s'adapte
→ qui VARIE selon niveau de production

amortissement DÉgressif → DÉcroît dans le temps

Penser aux écritures de journal ou aux comptes en T.

Afin de comprendre ce qui se passe, j'ai régulièrement utilisé le poste Trésorerie en guise de référence. Par exemple, afin de déterminer l'impact d'un remboursement d'emprunt sur l'état de la situation financière (bilan), je me demandais ceci : quel est l'impact sur le poste Trésorerie? C'est une sortie de fonds, donc un crédit. En contrepartie, le poste Emprunt est débité et donc réduit. Ce truc m'a été particulièrement utile au début de mes études en comptabilité.

Si vous avez, par exemple, de la difficulté à figurer qu'une augmentation du poste Stocks amène une diminution de la trésorerie, vous pouvez donc considérer que :

Stocks augmentent → DÉBIT
DONC liquidités diminuent → CRÉDIT

Inventer quelque chose qui vous parle.

Personnellement, je n'ai jamais réussi à me rappeler le ratio de l'effet de levier financier jusqu'à ce que je me dise :
« Pense **A** sur **A** », soit (Actif total/Avoir).

Ne cherchez pas la logique de ce truc, il n'y en a pas!

De plus, **A**ctif vient avant **A**voir à l'état de la situation financière (bilan).

    ↻ *Répéter, Répéter, Répéter.* Lorsqu'il faut absolument se rappeler de la matière – ou d'une partie de celle-ci – en vue d'un examen, la répéter est le moyen le plus efficace. Personnellement, « apprendre par cœur » est l'action que je garde pour la fin lorsque les trucs d'apprentissage à ma disposition sont épuisés. Il s'agit de lire l'information plus d'une fois et, en certaines circonstances, de simplement la réciter à haute voix. Afin de mieux retenir la matière étudiée, certains étudiants réécrivent plusieurs fois la liste des étapes ou les définitions à retenir, par exemple. À faire, si cela vous sied.

Le moment de lâcher-prise

Il arrive toujours un moment où l'on réalise que la préparation d'un examen est complétée. On se rend alors compte que l'essentiel des sujets qui seront évalués à l'examen est maîtrisé. À mon avis, il faut continuer à réviser tant que ce point critique n'est pas atteint. Ce n'est pas facile à expliquer, mais disons que vous devriez ressentir le fait d'être prêt ou du moins réaliser qu'il vous est impossible de l'être davantage. Lorsque vous pouvez vous dire que vous avez fait le tour et que l'examen peut se présenter dans la minute qui suit, c'est le bon moment. Aller au-delà de ce point n'est pas nécessaire, quoique certains étudiants trouvent que cela réduit leur nervosité et accroît leur confiance en soi.

Arrêter en-deçà de ce point est risqué. Un dernier survol du tableau sur les ratios que vous avez construit ou de l'ordonnancement des écritures lors de la sortie d'une immobilisation vient solidifier vos acquis. Il arrive malheureusement que des étudiants arrêtent juste un peu trop vite avant la fin. Ils vont, par exemple, se dire qu'ils pourront toujours se débrouiller s'il y a une question sur l'éthique à l'examen. Ou pire, ils présument que le professeur ne posera pas de question sur le sujet. De manière délibérée, ils décident alors de ne pas s'attarder aux concepts de compétence, de crédibilité, de confidentialité ou d'intégrité. Il s'agit d'une stratégie risquée. Ne vous est-il pas déjà arrivé de revoir le sujet par trop négligé justement à l'examen?

Soyez plutôt averse au risque quand votre formation est en jeu.

POINT DE VUE

Personnellement, je n'ai jamais voulu revenir sur mes pas. En d'autres termes, j'ai toujours étudié afin de ne pas avoir à recommencer un examen ou un cours. Dans cette optique, il faut étudier suffisamment pour s'assurer de réussir. Il ne faut donc pas s'arrêter d'étudier dès que l'on « croit » en savoir suffisamment pour « passer » l'examen. Viser 60 % ne signifie pas que vous l'atteindrez.

Je vous suggère plutôt de viser l'apprentissage confortable de la matière couverte par l'examen.

En allant au-delà du minimal requis,

l'attitude est gagnante.

**À la veille d'un examen,
comprendre l'essentiel de la matière
diminue grandement la nervosité du lendemain.**

Partie 4
Réussir un examen

La planification
Le contenu de la réponse
La présentation de la réponse
La rétroaction

« *Une réponse appropriée, qui atteint le seuil de réussite, doit contenir un nombre minimal d'idées pertinentes et nouvelles.* »

Partie 4
Réussir un examen

Dans la présente partie, je désire vous faire part de mon expérience quant à la façon de répondre à un test ou un examen. Il y a des attitudes, des manières de faire ainsi que des trucs qui peuvent vous aider à mieux « Réussir un examen ». Mon objectif est de vous aider à développer une technique qui mettra en valeur les atouts que vous possédez.

Retenez toutefois que cela ne vous dégage nullement de la responsabilité de vous y préparer de manière adéquate.

La planification

Lors de la réception de l'examen proprement dit, je vous suggère de prendre quelques secondes pour planifier le temps qui vous est accordé. Il est assurément possible de faire en sorte que le déroulement de l'examen se fasse de manière à favoriser votre réussite.

Voici quelques éléments à considérer.

    ☞ *Ordonnancer les questions demandées.* De prime abord, feuilletez l'examen afin de relever le nombre de questions. Prenez brièvement connaissance – très brièvement même – de ce qui vous est demandé. Classez les questions en fonction de leur degré de difficulté, puis inscrivez « D », « M », ou « F » (difficile-moyen-facile) à côté de chacune d'entre elles.

POINT DE VUE

Pour diverses raisons, les étudiants évitent généralement de commencer leur examen par la question la plus difficile. C'est que les premières minutes d'un examen sont souvent teintées d'une plus grande nervosité, compte tenu de l'incertitude de ce qui vient.

Il faut aussi être conscient de la tendance naturelle qui consiste à accorder un peu trop de temps aux premières questions qui sont répondues et pas assez aux dernières. Ne gardez donc pas le plus important pour la fin!

Il faut, *a priori*, se faire une idée du temps disponible pour chaque question et sous-question. Lorsque cette information n'est pas fournie, vous devez l'estimer avec réalisme. Faites un intervalle de temps (ex.: 20-25 minutes) si vous n'êtes pas certain. Tenez compte du pointage des diverses questions, s'il vous est donné. Ce pointage n'est peut-être pas toujours parfaitement représentatif du temps requis, mais c'est tout de même un bon point de départ. Lorsque la question 3, par exemple, représente 25 % de l'examen, il faut certainement en tenir compte dans la planification de votre temps.

POINT DE VUE

Il n'est pas nécessaire de répondre aux questions d'un examen dans l'ordre où elles sont présentées. Je vous suggère de débuter par la question avec laquelle vous êtes le plus confortable, de manière à créer un climat de confiance. Il s'agit habituellement d'une question d'un degré de difficulté moyen.

Je vous suggère également de ne pas terminer votre examen avec la question la plus courte. C'est que vers la fin d'un examen, le temps devient parfois trop serré, ce qui limite la capacité de fournir une réponse adéquate. Si vous avez pris un peu de retard – ce qui ne devrait théoriquement pas arriver –, cela est plus dommageable pour une courte question.

Les questions les plus difficiles devraient, à mon avis, être résolues au milieu de l'examen.

Naturellement, il faut tenir compte du fait que la réponse à une question puisse être un préalable à la suivante.

* ***Répondre à tout ce qui est demandé.*** C'est la meilleure stratégie à adopter afin de maximiser votre résultat. Il est habituellement plus facile d'aller chercher les premiers points d'une question que les derniers. À moins que vous ne sachiez absolument pas quoi écrire, vous devez planifier votre examen afin de toucher à tout. Répondez à chacune des sous-questions a), b), c), etc., s'il y a lieu. Le fait de ne pas savoir quoi répondre en b), par exemple, ne doit pas vous amener à laisser tomber les autres demandes de la question.

Il faut profiter de toutes les opportunités qui vous sont offertes.

POINT DE VUE

Lorsque vous « bloquez » sur une question, ne perdez pas trop de temps sur celle-ci. Certains étudiants s'entêtent tellement qu'ils ne voient plus le temps passer et se trouvent alors incapables de résoudre de manière adéquate les autres questions de l'examen. Je vous suggère de reporter les questions qui vous embêtent pour la fin. Vous ne pourrez peut-être pas les résoudre parfaitement, mais vous n'aurez à tout le moins pas entravé la réussite des autres.

Il arrive aussi bien souvent que le fait de résoudre d'abord les questions qui vous sont plus accessibles aide à mieux comprendre celles qui ont été reportées à plus tard. Soyez également à l'affût des éléments qui peuvent vous être utiles d'une question à l'autre. Il arrive qu'un indice dans l'une ou l'autre des questions à choix multiples, par exemple, puisse vous aider à résoudre une question à développement.

Lorsque vous ne savez pas quoi répondre à la sous-question b), par exemple, et que cette réponse est nécessaire pour c), il ne faut certes pas que cela vous arrête. Faites une hypothèse réaliste et raisonnable afin de pouvoir continuer et obtenir des points aux sous-questions qui suivent. En d'autres termes, essayez de figurer ce que « pourrait être » une réponse plausible en b) – même si vous ne savez pas comment y arriver –, puis allez de l'avant.

Supposons, par exemple, que l'on vous demande, en a), de calculer le ratio « moyen » de la marge sur coûts variables et que vous avez oublié comment faire. Vous savez toutefois que la marge sur coûts variables est de 20 % pour le produit A et de 30 % pour le produit Z. Choisissez alors un chiffre entre les deux, disons 27 %, parce que vous savez que la société vend davantage de produits Z. Vous pourrez ainsi continuer et calculer, en b), le volume de ventes nécessaire pour réaliser une marge de 300 000 $. Vous n'obtiendrez probablement pas la même réponse que la solution officielle, mais tout raisonnement adéquat sera évalué et récompensé.

Toute hypothèse posée doit être plausible.

🖋 *Lire les questions attentivement.* Dans le contexte où le temps d'un examen est limité, le réflexe naturel est de débuter le plus tôt possible la rédaction de la réponse. Et, cela est encore pire si votre voisin pitonne déjà frénétiquement sa calculatrice.

Je désire vous sensibiliser au fait qu'il faut bien comprendre les informations de la question et les placer en perspective, dans le contexte de ce qui vous est demandé. Prenez le temps de lire – deux fois plutôt qu'une –, de comprendre, puis d'annoter la question afin d'en faire ressortir l'essentiel.

Voici l'exemple d'une question annotée de manière adéquate.

Quelles sont les informations clés?

QUESTION 3 :

100!

Mme Tournesol, directrice des ventes de Fleuri Inc., se demande si elle doit accepter une commande imprévue de l'un de ses clients réguliers. Ce dernier aimerait acheter cent douzaines de roses qu'il prévoit distribuer aux dames venant à son magasin le jour de la Fête des mères. Il offre à Fleuri Inc. un prix de 14 $ par douzaine de roses. Le prix de vente habituel pour une douzaine de roses est de 18 $.

En consultant le directeur de la production, Mme Tournesol apprend que les coûts variables et les coûts fixes sont respectivement de 0,90 $ et 0,30 $ par rose. Elle a également déterminé que les frais de livraison de cette commande seraient de 70 $. *100d => 70$*

Mme Tournesol est d'abord tentée de refuser l'offre. Elle désire cependant recevoir votre avis avant de prendre une décision finale.

Travail à faire : *1,20/rose x 12 = 14,40/douzaine*

a) Expliquez pourquoi Mme Tournesol est d'abord tentée de refuser l'offre.

QUANT b) D'un point de vue strictement financier, recommanderiez-vous à Mme Tournesol d'accepter la commande?

QUAL c) Discutez des facteurs qualitatifs, positifs et négatifs, à prendre en considération dans la décision d'accepter la commande.

N.B. Certains étudiants surlignent les mots de ce qui est demandé avec une couleur différente afin de mieux les faire ressortir.

En référence à l'exemple précédent, je désire attirer votre attention sur les points suivants :

- Seuls les mots importants sont surlignés, en quantité raisonnable. Tel que mentionné dans la Partie 2, je vous suggère de lire un paragraphe en entier avant de le surligner pour ne pas que tout soit en jaune. Cherchez à relever l'information critique, celle qui caractérise la situation qui vous est présentée.

- Un court calcul, tel celui effectué à la fin de la partie texte, peut vous aider à préciser l'information. Ici, il faut remarquer, dès la lecture, que l'unité de référence n'est pas toujours la même. Les coûts sont exprimés par rose alors que les prix de vente sont exprimés par bouquet. On devra, d'une manière ou d'une autre, effectuer les calculs sur une même base. Dans l'exemple de la page précédente, puisque l'étudiant a choisi de faire ses calculs par bouquet, l'information financière a été convertie d'après cette base. J'aurais personnellement fait le même choix, tout simplement parce qu'il y a davantage d'informations exprimées par bouquet que par rose.

- Les mots clés des questions demandées en *a)*, *b)* et *c)* sont surlignés. En *a)*, il faut remarquer l'usage de l'expression « d'abord tentée » puisqu'elle apparaît telle quelle dans le paragraphe précédent. Il faut naturellement être attentif à toute phrase pouvant clarifier l'une ou l'autre des questions posées. Aussi, le mot « d'abord » peut signifier que la décision finale sera différente. C'est en soi un indice à garder en tête, même si cela reste à confirmer.

  En ce qui concerne *b)* et *c)*, on peut remarquer qu'il s'agit respectivement des aspects quantitatif (« QUANT ») et qualitatif (« QUAL ») de la prise de décision.

- Il est finalement important de relever qu'il faut discuter DES facteurs positifs ET négatifs. La réponse ne serait pas la même si l'on vous demandait de discuter seulement des facteurs positifs ou de discuter du facteur négatif le plus important.

**Bien comprendre la question demandée
permet de mieux préciser la réponse.**

Outre ce qui précède, je désire vous suggérer :

- de réécrire sur une feuille à part chacun des mots du *Travail à faire* lorsqu'il vous est difficile d'en saisir le sens.

- de porter particulièrement attention à l'action que l'on attend de vous. Par exemple, vous faut-il calculer, comparer, créer un tableau, critiquer, définir, déterminer, discuter « *c)* », dresser un état, énumérer, expliquer « *a)* », prouver, recommander « *b)* », résumer, etc.

  Chaque verbe d'action provoque une réaction qui lui est propre.

- de tracer une ligne de temps ou de dessiner un petit diagramme lorsque cela facilite votre compréhension de l'information.

- de réécrire les chiffres de la question, que l'on sépare entre les sous-questions *i)* et *ii)*, par exemple, afin de ne rien oublier.

POINT DE VUE

Personnellement, je prends régulièrement de courtes notes sur l'examen lui-même ou sur une feuille de brouillon que je signale comme telle et que je joins à ma réponse. Je m'assure de ne pas oublier une idée importante à considérer dans la rédaction ultérieure de ma solution, par exemple. Puisque ces notes ne font pas directement partie de la réponse à l'examen, je les écris le plus succinctement possible. Pour une question où l'on me demande les avantages d'avoir recours à l'impartition pour le traitement de la paie des employés, par exemple, je pourrais brièvement écrire les mots « simple », « rapide » et « peu coûteux » (« ou peu $ »).

Il vaut mieux fournir une réponse incomplète que pas de réponse du tout!

Profiter du temps disponible. Votre examen est d'une durée de trois heures? Utilisez au mieux ce temps qui vous est alloué. S'il vous arrive de terminer plus tôt, prenez le temps de parfaire les réponses qui vous ont causé le plus de difficulté. Y revenir permet souvent de voir plus clairement ce qui se passe et de compléter votre réponse. En certaines circonstances, vous pourrez avantageusement ajouter une idée, reprendre une conclusion ou mieux justifier un calcul. Il vous est également possible de valider le résultat que vous avez obtenu par un calcul mental, par exemple.

Il suffit parfois de peu pour faire une différence.

POINT DE VUE

En cours de route, lorsqu'une question est bel et bien terminée, certains étudiants la mette tout simplement de côté, à l'envers. D'autres inscrivent le mot « fini ». Puisque l'on commence habituellement par les questions avec lesquelles on est le plus à l'aise, cela est motivant.

Lorsque vous n'êtes pas certain de votre réponse, identifiez clairement l'endroit concerné. Revenez-y plus tard. Il arrive d'ailleurs fréquemment que le fait de résoudre entre-temps d'autres questions soit bénéfique.

Le contenu de la réponse

Dans le contexte du temps limité d'un examen, il faut constamment s'assurer d'aller à l'essentiel. Il est trop facile de perdre son temps à écrire des idées, possiblement ou probablement correctes, mais pas nécessairement pertinentes.

Voici ce qu'il faut considérer afin de vous assurer de fournir une réponse adéquate.

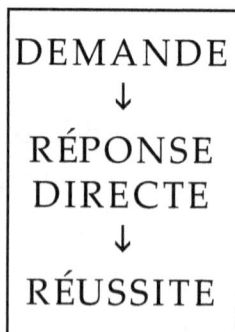

DEMANDE
↓
RÉPONSE
DIRECTE
↓
RÉUSSITE

🖉 *Répondre à la question demandée.* Cela paraît simple; ce n'est pourtant pas toujours le cas. Faire l'étalage de tout ce que l'on sait sur un sujet peut être un phénomène rassurant, mais ce n'est généralement pas une bonne stratégie d'examen. Ne déviez pas. Si la question vous demande de calculer le coût du stock en utilisant la méthode du coût moyen, par exemple, il est inutile de calculer le coût avec une autre méthode, simplement pour comparer. Si l'on ne vous a pas demandé de comparer, c'est une perte de temps.

N'allez également pas croire que le fait d'exposer vos connaissances sur, disons deux autres méthodes, compense l'absence de connaissance sur celle du coût moyen. Les points qui seront accordés lors de la correction sont en ligne droite avec ce qui est demandé. Compte tenu de ce qui précède, vous pouvez certainement en déduire qu'une très bonne réponse à la question 4, par exemple, ne compensera pas pour une mauvaise réponse à la question 2.

POINT DE VUE

Personnellement, lorsque la réponse à une question est particulièrement longue, je vais relire régulièrement ce qui est demandé. Je m'assure ainsi de ne pas dévier de l'objectif premier. Il serait dommage, par exemple, de dresser l'état des résultats (du résultat net) au complet, en bonne et due forme de surcroît, alors que la question ne demandait que le montant de la marge brute.

Il est trop facile de s'éloigner de ce qui est demandé en cours de route. Donner son opinion à l'effet que le nom « Fleuri Inc. » n'est pas très « *IN* », par exemple, n'est pas vraiment utile dans un examen de comptabilité.

---

réf. p. 63 Je vous suggère également d'équilibrer vos réponses. Si l'on vous demande, par exemple, de discuter des facteurs positifs ET négatifs, vous devez traiter des deux aspects. Ce ne serait pas une bonne idée de discuter de quatre facteurs positifs et d'omettre ceux qui pourraient être négatifs. Équilibrez plutôt votre réponse entre les diverses parties demandées en discutant de deux facteurs positifs ET de deux facteurs négatifs, par exemple.

Partie 4 : Réussir un examen

⟳ *Structurer sa pensée.* Faites les choses en ordre. Séparez ce qu'il faut faire en parties ou en étapes de manière à ne rien oublier. Préparez, par exemple, le gabarit de l'état de la situation financière (bilan) en y inscrivant le nom des postes avant de le compléter avec les chiffres appropriés. Plus la réponse requise par la question est longue et plus vous devez structurer votre pensée. Prenez quelques secondes pour établir un plan succinct – par écrit s'il le faut – avant de vous lancer tête baissée dans la rédaction d'une réponse. Il serait dommage, par exemple, de vous rendre compte qu'il fallait recalculer le poste Stocks avant de calculer la marge brute seulement lorsque vous avez terminé de dresser l'état des résultats (du résultat net). Il est donc utile, par précaution, de se remémorer les étapes nécessaires à la résolution d'un aspect donné, quitte à passer outre une étape inutile. On vous demande de dresser l'état de la situation financière (bilan)? Commencez par préparer le cadre de l'état en y inscrivant, dans le bon ordre, tous les postes. Ce sera par la suite plus facile d'y inscrire les montants concernés.

Aussi, avant d'entreprendre un calcul particulièrement long, assurez-vous de déterminer à l'avance l'objectif visé. Quel sera l'aboutissement du calcul? Quel résultat veut-on obtenir? Cela aide à rester concentré sur ce qu'il faut faire.

POINT DE VUE

Il faut tenir compte des circonstances particulières à chacune des questions. Une question de 10 points, dans un examen de deux heures, ne se répond pas en seulement deux lignes. Cherchez à identifier les questions les plus importantes et assurez-vous de répondre avec suffisamment de profondeur à ce qui est demandé.

10 points → 12 minutes

Je vous suggère aussi de faire le tour de l'ensemble de l'information qui vous est fournie dans la question avant de rédiger une réponse, particulièrement lorsqu'il y en a beaucoup. Certes, nous savons tous qu'il peut y avoir des éléments d'information qui ne sont pas utiles, mais sachez qu'il y a habituellement une limite. Si vous n'utilisez qu'un chiffre ou deux pour effectuer votre calcul alors que la question en contient cinq fois plus, assurez-vous d'être sur la bonne voie, deux fois plutôt qu'une.

> **Quoi que vous fassiez, quoi que vous disiez,
> si ce n'est pas demandé, ce n'est pas pertinent.**

Apprendre à générer des idées. Il n'est pas toujours évident de savoir quoi écrire. Être en panne d'idées est un phénomène déstabilisant, particulièrement lorsque le temps s'écoule plus rapidement qu'on ne le voudrait. Afin de minimiser ce genre de situation, voici quelques trucs qui peuvent vous aider en cours de rédaction.

Justifiez vos idées. Expliquez pourquoi vous avancez tel avantage, telle limite ou tel facteur. Il est rarement suffisant de simplement lister un élément. Pensez aux mots suivants : **CAR**, parce que, puisque, pour, étant donné que, compte tenu, afin de, etc. afin de compléter vos phrases. POURQUOI?

RÉDACTION INCOMPLÈTE

16 août 2016

Aucune écriture n'est nécessaire.

IL FAUT JUSTIFIER LES IDÉES AVANCÉES.

IDÉE JUSTIFIÉE

16 août 2016

Aucune écriture n'est nécessaire parce que le coût du stock est inférieur à sa valeur de réalisation nette.

En certaines circonstances, il est également utile de se demander QUI, QUOI et QUAND. Supposons, par exemple, que la question demande d'expliquer comment la prévision des ventes d'un concessionnaire automobile peut être établie. Les personnes impliquées sont, entre autres, les vendeurs et le gérant des ventes (QUI). Il leur faut estimer le nombre de véhicules qui sera vendu, par catégorie (QUOI). Cette prévision peut être générée pour l'année qui vient, après s'être questionné sur les ventes prévues par trimestre (QUAND).

Certes, le QUI-QUOI-QUAND n'est pas requis à tous les coups. Toutefois, faire appel à ce guide de référence vous permet bien souvent de générer des idées et de présenter une réponse plus complète.

POINT DE VUE

Compte tenu de l'exemple précédent, j'attire votre attention sur la façon de répondre à une question qui vous demande COMMENT faire. Il faut être concret et clair lorsqu'il s'agit d'expliquer de quelle façon s'y prendre. Servez-vous de ce que vous connaissez dans la vie réelle. Si l'on vous demande, par exemple, d'expliquer quelles sont les composantes des coûts variables et des coûts fixes dans la fabrication d'une automobile, essayez de visualiser les diverses étapes ou les mouvements de l'usine de montage. Cela vous permettra de fournir des explications plus concrètes.

Considérez les conséquences de ce que vous avancez. Envisager quel est l'impact d'une idée vous amène à développer les relations de cause à effet. Pensez aux mots suivants : **DONC**, ainsi, en conclusion, je recommande, par conséquent, etc. afin de développer votre raisonnement jusqu'au bout.

IDÉE COMPLÈTE

Le ratio d'endettement de 77 % est supérieur à la limite maximale imposée par la banque qui peut DONC décider de rappeler son prêt.

Illustrez vos idées par des exemples. Lorsque vous devez définir ou expliquer des concepts, ajoutez des exemples concrets afin d'illustrer vos idées. Tout en facilitant votre rédaction, cela prouve ce que vous avancez en démontrant votre compréhension et votre capacité d'application.

IDÉE ADÉQUATEMENT ILLUSTRÉE

> Les dépenses d'exploitation, tel le changement d'huile et les vérifications mensuelles, servent à maintenir le matériel roulant en bon état.

N.B. On peut généralement intégrer les exemples entre parenthèses dans la phrase principale.

Ne perdez pas de vue ce que vous avez étudié. Certains étudiants « paniquent » lorsqu'ils ne comprennent pas une question qui leur est posée. De prime abord, la relire une ou deux fois peut vous permettre de clarifier ce qui en est. Si cela ne fonctionne pas, vous avez naturellement le choix d'y revenir un peu plus tard.

Lorsque cela arrive, je vous suggère de ne pas perdre de vue ce que vous avez étudié. Vous ne comprenez peut-être pas la question, mais vous devez prendre conscience que ce qui est demandé se situe sûrement dans le cadre de la matière au programme. Faites un bref tour d'horizon des différents sujets, exercices et problèmes que vous avez étudiés. Tenez également compte de ce qui a déjà été demandé dans les autres questions. Par déduction, il y a de fortes chances que vous puissiez déterminer de quoi il s'agit.

J'aimerais également que vous reteniez ceci : Essayez tout d'abord de répondre de manière simple à une question qui vous embête. Malheureusement, la plupart des étudiants font plutôt l'inverse. Si vous ne savez pas quoi répondre, gardez-vous de vous lancer dans des calculs compliqués ou dans des explications qui n'en finissent plus.

Il est plus facile de compléter une réponse

que de récupérer du temps inutilement perdu.

POINT DE VUE

Je me permets de vous donner un conseil, n'allez pas directement à l'encontre de ce que disent vos volumes de référence ou vos professeurs. Puisque, par exemple, tout le monde s'accorde pour dire que la « participation » des employés pendant l'établissement du budget favorise leur motivation, tenez-vous le pour dit. Ce n'est certainement pas le moment, pendant un examen de surcroît, d'argumenter sur ce point.

Si une question vous demande spécifiquement d'exprimer votre opinion sur le sujet, faites-le, mais considérez tout de même le fait que la finalité de votre argumentation ne doit pas contredire l'un ou l'autre des concepts fondamentaux. En d'autres termes, si le directeur des finances vous demande ce que vous pensez de la gestion budgétaire participative, vous devriez conclure votre discussion en mentionnant que cela est préférable.

Je vous rappelle également de tenir compte de ce qui est important pour vos professeurs. N'allez pas ouvertement contre l'une ou l'autre de leurs idées. Reportez cette discussion à un moment plus approprié.

Faites-vous confiance. Il arrive régulièrement que l'une ou l'autre des questions d'un examen vous prenne par surprise. Vous n'avez peut-être pas eu le temps de réviser cette partie de la matière, ou encore, le professeur peut vouloir évaluer votre capacité d'analyse en allant au-delà des questions habituelles. Lorsque cela survient, prenez tout d'abord conscience que l'effet de surprise existe également pour vos collègues. Puis, essayez de présenter une réponse au meilleur de vos connaissances. Vous pouvez certainement vous débrouiller, d'une part, en vous référant aux concepts de base de la matière testée à l'examen et, d'autre part, à l'aide du *gros bon sens*.

Dans ces moments-là, les concepts clés de vos fiches-info sont particulièrement utiles. Il arrive d'ailleurs très souvent que des étudiants visualisent clairement les résumés, tableaux et schémas qu'ils ont préparés – jusqu'au détail des couleurs – pendant le déroulement d'un examen.

Servez-vous en.

Il faut se trouver des moyens pour continuer d'avancer.

Supposons, par exemple, que la question d'un examen de comptabilité vous demande s'il est préférable d'effectuer la remise des taxes perçues au nom du gouvernement, mensuellement ou trimestriellement. Et disons, *a priori*, que vous n'en avez aucune idée! Cherchez alors à déterminer les implications (les pours et les contres) de chacune des possibilités. Comparez-les. Pensez aux écritures comptables. Faites appel à vos notions d'un autre cours, s'il le faut. Votre professeur de finance a peut-être justement parlé de « la gestion de la trésorerie » il y a deux semaines. N'hésitez pas à transposer vos acquis d'une matière à l'autre.

POINT DE VUE

Certains étudiants ont tellement peur de se tromper qu'ils tempèrent leurs idées d'une façon telle que leur réponse peut aller dans un sens comme dans l'autre. Si vous ne prenez pas position ou s'il y a contradiction, votre idée ne pourra tout simplement pas être considérée par le correcteur.

EXEMPLE :

« Je pense qu'il pourrait être préférable de continuer avec le système d'inventaire périodique, mais le système d'inventaire permanent pourrait faire l'affaire aussi. »

Ai-je besoin de commenter?

Il faut préciser ses idées.

74

⟡ *Tenir compte du contexte.* Les questions qui vous sont posées sont régulièrement intégrées dans un contexte qui simule une situation de la vie réelle. Une question d'examen de finance utilisera, par exemple, les véritables cotes boursières d'une société publique pour fins d'analyse. La décision que doit prendre Mme Tournesol, précédemment décrite, est un autre exemple. Lorsque cela est possible, faites référence au contexte dans lequel se situe le Travail à faire pour expliquer, justifier ou discuter de l'une ou l'autre de vos idées. Le fait de tenir compte des faits énoncés dans la question ajoute de la crédibilité à votre réponse.

Les mots surlignés sont directement tirés de la question.

réf. p. 63

IDÉE INTÉGRÉE AU CONTEXTE

c) ...

Facteur positif : En acceptant la commande spéciale, Mme Tournesol solidifie les relations avec un client régulier.

N.B.   Remarquez l'usage du nom de la personne concernée, ce qui personnalise davantage la réponse.

TENIR COMPTE DU CONTEXTE DE LA QUESTION

=

VALEUR AJOUTÉE À LA RÉPONSE

⟡ *Savoir terminer sa réponse.* Avant de passer à la question suivante, je vous suggère de revoir la question afin de vous assurer que vous y avez bel et bien répondu. La question demande si vous recommandez à Mme Tournesol d'accepter la commande? Il faut y répondre clairement, par OUI ou par NON, en expliquant pourquoi.

© Comment réussir ses études en comptabilité

De même, après avoir calculé un seuil de rentabilité de 4 005,4 poupées, il faudrait clairement mentionner que : « Le seuil de rentabilité en unités pour la nouvelle poupée est de 4 006 poupées. ». Remarquez ici qu'il s'agit de poupées et qu'une réponse réaliste appelle un arrondissement du résultat obtenu.

Personnellement, afin de terminer de manière adéquate la réponse à une question, je me demande toujours s'il y a lieu d'émettre une conclusion ou une recommandation. Si tel est le cas, je la présente en évidence, le plus souvent à la fin de la réponse, et je reprends le plus fidèlement possible les mots de la question elle-même, tel l'exemple qui suit.

réf. p. 63   **RECOMMANDATION JUSTIFIÉE**

b) ...

D'un point de vue strictement financier, je recommande à Mme Tournesol d'accepter la commande parce que la marge sur coûts variables de 250 $ est positive.

© *S'assurer de la vraisemblance de sa réponse.* En d'autres termes, assurez-vous que vos idées ou vos calculs ont du sens. Il arrive trop souvent que des étudiants obtiennent un chiffre qui n'est tout simplement pas réaliste et qu'ils continuent l'élaboration de leur réponse sans s'en rendre compte. Par exemple, un étudiant qui obtient un coût variable de 108 $ par bouquet de roses devrait immédiatement s'arrêter pour revoir son calcul. Il y a un chiffre inexact quelque part! En fait, la bonne réponse est 10,80 $. Un bouquet de roses qui se vend au prix régulier de 18 $ ne peut pas coûter 108 $! Ce n'est pas logique! Puisque les questions d'examen simulent la vie réelle, servez-vous également de vos connaissances générales.

Avant d'utiliser un chiffre difficile à interpréter, il faut valider sa vraisemblance.

POINT DE VUE

Pendant que vous répondez à un examen, soyez à la fois attentif et intuitif. Faites attention aux indices, tel que « tout d'abord tentée ». Évaluez régulièrement le réalisme et la plausibilité de ce que vous avancez.

Est-ce que cela a du sens?

Est-ce possible et faisable?

Faites preuve de sens pratique!

Je désire terminer la présente section par deux mises en garde. Pendant un examen, il est inutile :

- *de critiquer les questions posées.* À quoi cela sert-il de tempêter contre une question difficile, ou encore, de juger que la question posée est mal construite? À rien, sauf à vous faire perdre de l'énergie précieuse à votre réussite. Il faut répondre au mieux aux questions posées. Voyez chacune d'elle comme étant une opportunité de démontrer vos capacités.

- *de chercher systématiquement des erreurs.* Il y en a rarement. En fait, il faut prendre pour acquis que la question est adéquate, c'est-à-dire correcte et réaliste. Par exemple, lorsque la question mentionne que « ... les frais de livraison de cette commande seraient de 70 $. », utilisez ce chiffre tel quel. Ne le mettez pas en doute. réf. p. 63

  Ne cherchez également pas outre mesure les « attrapes ». Certes, il faut être alerte quant aux informations qui peuvent être inutiles ou manquantes, mais cela va rarement au-delà. N'abordez pas l'examen en cherchant systématiquement des failles.

La présentation de la réponse

Dans le contexte du temps limité d'un examen, présenter ses réponses avec efficience est un atout indéniable. L'objectif premier ne change pas. Il faut présenter des idées pertinentes à la résolution de toute question demandée. Toutefois, il est possible de présenter ses idées de manière à minimiser les pertes de temps et maximiser la réussite.

Voici ce qu'il faut considérer afin de présenter une réponse plus efficiente.

○ *Axer sur le contenu plutôt que la forme.* C'est avec des idées pertinentes que vous cumulez les points. Il faut donc fournir, en guise de réponse aux questions posées, le plus grand nombre d'idées possibles. Certains étudiants enjolivent leur texte à l'aide de couleurs ou de multiples soulignements. Sachez que cela n'affecte pas votre résultat. Il faut être conscient que le professeur n'est pas dupe lorsqu'il voit un long texte rempli de phrases qui ne veulent rien dire. Il sait comment discerner les idées pertinentes.

Assurez-vous également d'utiliser autant que possible les termes qui illustrent précisément vos idées. Il est préférable, par exemple, de dire « Les dividendes à distribuer… » plutôt que « Les montants à distribuer… ». Les mots imprécis, tels que « chose » ou « patente », entre autres, sont à proscrire. Remplacez-les par le terme approprié. Servez-vous du glossaire que vous avez créé.

POINT DE VUE

Il arrive que des étudiants hésitent à écrire certaines de leurs idées parce qu'ils ne sont pas certains de leur validité ou tout simplement par peur du ridicule. D'une part, dites-vous qu'il n'y a généralement pas de correction négative. Une idée un peu « bizarre » n'invalidera pas le reste de la réponse.

D'autre part, dites-vous que le professeur en a certainement vu d'autres.

Faites-vous confiance!

N'hésitez pas!

○ *Aller au but.* Il est inutile de tourner autour du pot en « allongeant » les phrases. Présenter un long texte n'est pas automatiquement un gage de succès. S'il vous faut cinq lignes pour exprimer une idée alors que votre voisin en prend seulement deux, la note obtenue sera la même. En fait, ce n'est que partiellement vrai. Votre voisin aura le même résultat que vous pour cette idée, mais il disposera de plus de temps pour parfaire son examen. Il écrira un plus grand nombre d'idées que vous. Sa capacité d'obtenir un meilleur résultat que le vôtre est donc accrue.

réf. p. 63

a) Mme Tournesol est d'abord tentée de refuser l'offre parce que le prix de vente régulier d'un bouquet de douze roses est de 18 $. On me demande d'expliquer pourquoi Mme Tournesol est d'abord tentée de refuser l'offre.

Je crois que c'est parce que le prix de vente habituel d'un bouquet de douze roses est de 18 $ et que la commande spéciale qui a été reçue par Fleuri Inc. d'un client régulier est de 14 $ par bouquet de douze roses. Ils veulent acheter cent douzaines de roses.

Mme Tournesol est d'abord tentée de refuser l'offre, car elle recevrait 4 $ de moins par bouquet de douze roses. (18 $ - 14 $ = 4$)

Il faut que j'écrive aussi que le coût d'un bouquet de douze roses est de 14,40 $, soit la somme des coûts variables de 0,90 $ et des coûts fixes de 0,30 $ que je multiplie par 12. Je n'ai pas de misère à comprendre que Mme Tournesol soit d'abord tentée de refuser la chose puisqu'elle vendrait chaque bouquet de douze roses à perte. Le coût total de 14,40 $ est plus grand que le prix offert par le client régulier.

N.B. La plupart des étudiants présenteraient le texte ci-dessus en continu, sans même séparer les parties en différents paragraphes.

191 mots

Avant de vous présenter la liste de ce qui « manque d'efficience » dans la rédaction de cette réponse, je désire vous signaler que cette réponse est « correcte », c'est-à-dire qu'elle ne contient rien d'erroné. Toutefois, la rédaction des idées peut se faire de manière plus succincte. Ce faisant, l'étudiant gagne du temps; temps trop souvent limité dans le contexte d'un examen.

En référence à cet exemple, je désire attirer votre attention sur les points suivants :

– Le premier paragraphe en entier est inutile. Il s'agit de phrases provenant de la question et reproduites à peu près telles quelles. **Ce paragraphe ne contient aucune idée nouvelle.** Le fait qu'il soit intégré dans la réponse ou non ne change aucunement le pointage.

Il arrive parfois que répéter la question ou présenter le sujet à résoudre puisse vous aider à situer ce qui est demandé. Si tel est le cas, je vous suggère néanmoins de le faire à l'aide d'un titre court, clair et précis, tel que « Expliquer pourquoi refuser l'offre ». Un tel titre peut vous éviter de perdre du temps à résumer trop longuement le texte d'une question.

Répéter la question? NON.
Utiliser au bon moment les mots de la question? OUI.

POINT DE VUE

Certains étudiants me disent que le fait de réécrire une partie de la question les aide à comprendre ce qui se passe. De plus, pendant qu'ils écrivent, ils peuvent réfléchir à ce qu'ils vont dire par la suite. C'est justifiable. Assurez-vous toutefois de ne le faire qu'en cas de nécessité, et pas systématiquement à toutes les fois, tout simplement par habitude.

Lorsqu'il n'y a pas d'idées nouvelles à dire,
abrégez votre texte.

– Le texte est inutilement allongé par endroit. Pourquoi répéter sans arrêt l'expression « bouquet de douze roses »? Écrire « bouquet » ou « 12 roses » – le douze exprimé en chiffre – convient parfaitement. De même, la phrase « Ils veulent acheter cent douzaines de roses. » n'ajoute rien à l'argumentation précédente.

En toutes circonstances – et particulièrement lorsque vous ne savez pas quoi dire –, il faut éviter de répéter la même idée en utilisant des synonymes. Une idée dite deux fois, même avec des mots différents, demeure toujours une seule et même idée.

POINT DE VUE

S'il vous faut faire une hypothèse afin de continuer votre réponse, justifiez-là, puis placez-là en évidence. S'il vous manque ainsi la durée de vie utile du matériel roulant et que vous n'arrivez pas à l'établir, faites une hypothèse simple et réaliste, puis continuez.

– Il n'est également pas approprié de montrer que l'on est en train de répondre à un examen en écrivant, par exemple, « Il faut que j'écrive aussi… ». Certes, c'est justement ce que l'étudiant est en train de faire, mais il ne doit pas le montrer. L'expression « Je n'ai pas de misère à… » est inutile. Finalement, le mot « chose » est imprécis.

Je vous suggère aussi de ne pas écrire à votre professeur au milieu de votre réponse. Cela ne servirait à rien de dire, par exemple : « Désolé, je n'ai pas pu terminer… » ou « Oups! je n'avais pas compris la question et je n'ai pas le temps de recommencer ma réponse. »

À comparer avec l'exemple de la page 78.

RÉDACTION CLAIRE ET SUCCINCTE

a) Expliquer pourquoi refuser l'offre

Il est normal que Mme Tournesol ait été tentée de refuser l'offre étant donné que le prix de 14 $ est inférieur au prix habituel de 18 $. Elle recevrait 4 $ de moins par bouquet.

Aussi, le fait que le coût total de 14,40 $ soit supérieur au prix offert de 14 $ est une raison supplémentaire pour hésiter.

Coût total = (variables 0,90 + fixes 0,30) x 12 = 14,40 $

Néanmoins, lorsqu'il s'agit d'une commande spéciale, seuls les coûts variables doivent être considérés, comme nous le verrons en b).

92 mots

L'exemple de rédaction claire et succincte ci-dessus met en évidence les éléments suivants :

– Il y a 92 mots dans cette réponse, comparativement aux 191 mots de l'exemple de rédaction inutilement allongée! Ici, les idées pertinentes à la réponse ont toutes été reproduites, dans un texte beaucoup plus succinct. Le dernier paragraphe est même entièrement nouveau!

Prenez note que ce n'est pas aussi facile qu'on le croit d'aller droit au but et d'utiliser 92 mots au lieu de 191 pour exprimer les mêmes idées. À l'aide de cet exemple, je désire vous sensibiliser à l'inutilité de faire de longues phrases remplies de mots qui n'ajoutent rien à vos idées. Pendant l'écriture de votre examen, identifiez d'abord l'idée que vous désirez émettre et faites-en une phrase. Puis, passez à l'idée suivante.

Je vous suggère aussi de séparer régulièrement votre texte en paragraphes. Cela aide à minimiser les longueurs sur une même idée.

– Les phrases de cet exemple sont complètes : un sujet, un verbe et un complément. Elles sont pour la plupart rédigées au temps présent, dans un style simple. Ne vous compliquez pas la vie avec le plus-que-parfait ou le futur antérieur. Et, si vous utilisez par hasard le même mot deux fois dans la même phrase, ce n'est pas grave. L'important est que vos idées soient compréhensibles. Faites vos phrases plus courtes que trop longues.

– Le dernier paragraphe n'est pas nécessaire en soi pour répondre à la question a). Il démontre toutefois que l'étudiant a pleinement compris pourquoi Mme Tournesol a « d'abord été tentée » de refuser l'offre. Il s'agit d'un lien à la question b); lien qui ajoute une plus-value à la réponse.

POINT DE VUE

Je vous encourage à vous pratiquer à écrire de manière plus efficiente. Si vous êtes celui que l'équipe désigne habituellement pour composer les travaux écrits, ce n'est peut-être pas un avantage lorsqu'il s'agit d'un examen.

Écrire les mêmes idées
avec moins de mots sans perdre l'essentiel
est un défi qui vaut la peine d'être relevé.

Une idée → Une phrase

○ *Faire ressortir la structure.* Il m'apparaît toujours plus facile de présenter une réponse sectionnée en parties. Ayez le réflexe de prévoir de l'espace pour venir ajouter des idées plus tard, s'il y a lieu. D'une part, indiquez clairement qu'il s'agit de *a)*, de *b)* ou de *c)*, par exemple, et, d'autre part, signalez chacune des parties de la réponse par un titre ou un sous-titre approprié. Cela dirige et facilite votre rédaction. Si vous devez discuter, par exemple, de deux façons différentes de déterminer le niveau optimal de l'encaisse, indiquez-bien en titre de laquelle il s'agit. *réf. p. 63*

Écrire, par exemple, les titres « Facteurs positifs » et « Facteurs négatifs » est un rappel à l'effet qu'il y a deux volets à considérer. Il devient alors plus facile de préciser la réponse et de répartir de manière adéquate votre temps entre les parties. Un étudiant qui ne fait pas cette séparation risque de se retrouver avec un texte pêle-mêle qui traite tantôt des facteurs positifs et tantôt des facteurs négatifs, de manière désordonnée. Il accroît ainsi la possibilité que certaines de ses idées soient incomplètes. Dans les circonstances, il sera également plus difficile d'évaluer l'équilibre de la discussion entre les deux aspects.

POINT DE VUE

Les étudiants ont la fâcheuse habitude de vouloir répondre à toutes les parties d'une question en même temps.

Ce n'est pas une bonne idée.

Il vaut généralement mieux séparer en plusieurs parties, quitte à faire des liens entre elles si nécessaire, un peu plus tard.

○ *Présenter adéquatement ses calculs.* Il faut s'assurer de fournir des calculs qui soient compréhensibles. Prenez du recul, puis examinez la manière dont vous présentez habituellement vos calculs. Est-ce qu'il est difficile d'identifier le début ou la fin de ce que vous faites? Est-ce que les chiffres sont placés dans un espace tellement restreint qu'il est difficile de les lire ou d'établir un lien entre eux? Les aérer, entre autres, favorise la compréhension du lecteur. Il en est de même de l'usage de parenthèses et de crochets aux bons endroits.

Certains calculs sont tellement incompréhensibles qu'il est difficile de voir quel en est l'aboutissement. Je vous suggère de toujours placer en retrait le résultat que vous avez obtenu, en indiquant bien ce qu'il représente. Cela est d'autant plus important lorsqu'il s'agit d'une autre mesure que le « $ », comme des kilomètres ou des litres.

Il arrive aussi que des étudiants n'expliquent pas d'où viennent leurs chiffres. Lorsque le professeur n'arrive pas à saisir le raisonnement suivi, vous comprendrez qu'il lui est difficile d'accorder des points, ne serait-ce qu'en partie.

réf. p. 63

RÉDACTION INCOMPLÈTE

b) ...

???

$$[(14 \ \$ - 9 \ \$) \times 100] - 70 \ \$ = 430 \ \$ \ de \ profit$$

* Ces chiffres proviennent directement de la question.

La provenance du montant de 9 $ n'est pas expliquée. Cela est fort dommage, d'autant plus que la réponse finale n'est pas la bonne. Puisque ce 9 $ ne figure pas tel quel dans la question, comme le sont les montants de 14 $ et de 70 $, il faut savoir d'où il vient afin de récompenser – du moins partiellement – le raisonnement démontré. Il faudrait d'ailleurs quelques explications supplémentaires quant au pourquoi de la démarche quantitative retenue.

Certes, je pourrais « penser » que l'étudiant a multiplié les coûts variables de 0,90 $ la rose par 10 au lieu de 12. **Si on suppose** qu'il s'agit bel et bien de l'erreur faite par l'étudiant, cela signifie que le concept de la marge sur coûts variables a été bien compris et appliqué. Vous comprendrez cependant que le correcteur ne peut en être pleinement certain. Le montant de 9 $ pourrait tout aussi bien être la résultante du phénomène inverse, soit d'un usage inadéquat du concept.

Ne demandez pas au correcteur d'extrapoler en votre nom le raisonnement qui sous-tend votre réponse.

> ## Si ce n'est pas écrit,
> ## il est difficile – voire impossible –
> ## de présumer de ce qui a été fait.

Assurez-vous d'expliquer chacun des chiffres utilisés, particulièrement ceux qui ne proviennent pas directement de la question. Lorsque vous ne voulez pas surcharger votre ligne de chiffres, utilisez les références ⓐ, ⓑ, ⓒ, etc., puis présenter de brèves explications un peu plus loin.

Ne perdez pas de temps à expliquer la provenance de chiffres directement fournis dans la question, à moins que le même chiffre y apparaisse deux fois, ce qui est plutôt rare.

RÉDACTION INUTILEMENT ALLONGÉE

b) ...

0,90 $ de coûts variables x 12 roses
= 10,80 $ de coûts variables par bouquet de roses.
14,00 $ prix de vente - 10,80 $ coûts variables par bouquet
= 3,20 $ de marge sur coûts variables par bouquet.
3,20 $ par bouquet x 100 bouquets
= 320 $ de marge sur coûts variables totale.
320 $ de profit – 70 $ de frais de livraison = 250 $ de profit.

Il n'y a pas d'erreur, tout est là… et même un peu trop! Il y a plusieurs répétitions inutiles. C'est comme si l'étudiant avait écrit tout ce qu'il se disait dans sa tête, mot à mot, au fur et à mesure de la progression de ses calculs. Certains mots sont trop souvent répétés et le signe « $ » n'a pas à être écrit aussi souvent. Il n'est également pas nécessaire de fournir tous les sous-totaux. Et finalement, les mots faisant partie intégrante de notre domaine pourraient être abrégés, tel que « marge sur CV » pour « marge sur coûts variables ».

b) ...

$$\text{coûts variables } 0,90 \$ / \text{rose} \times 12 = 10,80 \$ / \text{bouquet}$$
$$\text{marge sur coûts variables nette :}$$
$$(14 \$ - 10,80 \$) \times 100 = 320 - \text{livraison } 70 = 250 \$$$

Je recommande l'acceptation de cette commande de 100 douzaines de roses, car le profit qu'elle génère est de 250 $.

Je désire terminer la présente section par trois mises en garde. Pendant un examen, il est inutile :

- *d'utiliser le style interrogatif.* Une idée qui se termine par un point d'interrogation n'est pas assez précise. Une phrase telle que « Devrais-je recommander à Mme Tournesol d'accepter la commande? » n'a aucune utilité. Puisque c'est à vous que l'on demande de répondre aux questions, vous ne pouvez certainement pas les retourner à d'autres.

- *de changer les consignes.* Lorsqu'il est indiqué de ne pas écrire au verso des feuilles, par exemple, pourquoi faire autrement? Ou encore, lorsqu'il est requis d'effectuer la partie quantitative à l'aide d'un logiciel de calculs, pourquoi s'évertuer à le faire par traitement de textes? Prenez le temps de prendre connaissance des consignes au début de l'examen, et suivez-les!

- *de raturer ses idées.* Dans le feu de l'action, il est facile de mal juger de la valeur de ce qu'on écrit. Ne raturez pas, au cas où. Mettez plutôt le texte entre parenthèses, et placez-le à la toute fin, puis écrivez le mot « brouillon » à côté.

La rétroaction

Le résultat obtenu à un examen est naturellement la première chose que vous désirez connaître. Bien que vous ayez peut-être une idée de ce résultat dès la fin de l'examen, il est normal de vouloir valider officiellement votre impression. Outre le résultat proprement dit, je vous suggère d'analyser vos réponses afin de pouvoir minimiser vos faiblesses et maximiser votre réussite future.

Voici ce que je suggère.

⚲ ***Comprendre ses erreurs.*** Cela va de soi, mais je sais que trop d'étudiants passent outre sous prétexte que la matière tout juste testée n'est généralement pas retenue pour l'examen suivant. Tel que mentionné précédemment dans ce volume, comprendre les concepts des sujets actuels facilite la compréhension de ceux qui suivent.

Lorsque vous analysez vos réponses à un examen, il faut identifier et comprendre ce qui vous a fait perdre des points.

Où vous êtes-vous trompé?

Il y a, à mon avis, deux types d'erreurs à distinguer :

1- *La compréhension inadéquate des concepts.*

Il m'apparaît indispensable d'obtenir promptement les explications nécessaires afin de comprendre ce qui a été manqué. Vous avez peut-être mal appliqué un concept, ou encore, le résultat de votre examen montre que vous ne le comprenez tout simplement pas. Il se peut aussi que vous ayez malheureusement négligé de parfaire votre étude sur l'un des sujets figurant à l'agenda de l'examen. Peu importe le nombre de points que cela ait pu vous coûter, assurez-vous de comprendre la cause de toutes vos erreurs sans exception. Une question de 3 points aujourd'hui peut être la base d'une question de 16 points demain. N'hésitez donc pas à clarifier la situation en demandant à votre professeur ou à vos collègues.

2- *Les erreurs d'inattention ou de calcul.*

Il est compréhensible de faire ce genre d'erreurs dans un contexte de nervosité. S'il y en a beaucoup, ne négligez pas ce signal et essayez de trouver des moyens pour mieux gérer votre *stress*.

Ne laissez pas une situation inconfortable perdurer. Cherchez une solution.

POINT DE VUE

Un étudiant ayant très bien réussi son examen est, à juste titre, fier de son succès. Il peut certes se dire qu'il a compris l'essentiel des concepts ayant été évalués.

J'aimerais suggérer à cet étudiant de prendre tout de même le temps d'analyser son examen, ou encore, d'écouter les explications du professeur quant à sa résolution.

La réponse a-t-elle été rédigée avec efficience?

Est-ce que le cheminement est présenté de manière logique?

Y a-t-il des endroits où les points ont été obtenus de justesse?

Il y a toujours des choses qui peuvent être améliorées et, qui sait, cela fera peut-être une différence lors du prochain examen.

@ *Savoir tirer profit de l'expérience.* Prenez des notes sur ce qu'il faut retenir de l'analyse de votre examen. Vous pouvez, par exemple, aller compléter vos résumés et fiches-info. Cela peut également vous amener à réaliser que votre façon d'étudier la matière peut être améliorée. Vous ne consacrez peut-être pas assez de temps à la présentation des opérations aux états financiers, par exemple.

Dans la Partie 1 (p. 12), je vous ai d'ailleurs suggéré de cumuler à part, au même endroit, l'ensemble des trucs et conseils concernant la façon de réussir vos études. Personnellement, tout juste après l'écriture d'un examen ou à la suite de l'analyse de mes réponses, j'inscrirais immédiatement toute observation à retenir pour la prochaine fois.

On pourrait, par exemple, y noter les commentaires suivants :

– *Réponds à toutes les questions!*

« Tu connaissais la réponse, alors essaie au moins d'écrire les idées les plus importantes, quitte à aller plus vite. Prends au moins le temps d'écrire le plan de ce que tu voulais dire. »

– *Sois positif!*

Dire « Je ne vous recommande pas de louer cet équipement. », n'est pas la même chose que dire « Je vous recommande d'acheter cet équipement, car... ».

Partie 4 : Réussir un examen

– *Diversifie ta réponse!*

« Il y a deux immeubles, alors c'était à peu près certain qu'il y avait des différences entre les deux. Le professeur demande rarement deux fois la même chose. »

– *Les idées doivent être précises. Il faut donner un sens!*

Écrire « C'est de la publicité. », ce n'est pas assez. Il faut dire quelque chose comme « Le coût des fleurs distribuées le jour de la Fête des mères sont des frais de publicité. »

– *Fais la différence entre un fait et une opinion!*

Dire que « Le ratio du fonds de roulement est de 0,75. » est un fait. Dire « Le ratio du fonds de roulement est trop bas, comparativement au secteur. » est une opinion! Il y a davantage de points pour la deuxième phrase.

POINT DE VUE

Suite à l'analyse du résultat d'un examen, je vous suggère de déterminer quelle a été votre plus grande force et quelle a été votre plus grande faiblesse. Savoir reconnaître ce qui va bien est motivant. D'un autre côté, pouvoir déterminer ce qui a le plus entravé votre réussite vous amène à prendre dès que possible le moyen de corriger la situation.

Regardez aussi si vous pouvez améliorer vos façons de faire. Un étudiant qui se rend compte, par exemple, qu'il perd du temps à rattacher les postes et leurs montants au bon état financier élaborera un truc pour accélérer sa façon de faire. Face à une balance de vérification, par exemple, il pourrait décider de surligner en bleu tous les postes de l'état des résultats (du résultat net), puis en vert ceux de l'état de la situation financière (bilan). Lorsque viendra le moment de dresser l'état demandé, il sera plus rapide tout en s'assurant, encore une fois, de l'exactitude de son classement.

Acquérir des connaissances est un processus continu.

Partie 5
Travailler en équipe

L'échange d'idées
La correction inter-collègues
Les travaux écrits

« Le défi est de savoir doser le travail individuel et le travail en groupe. »

Partie 5
Travailler en équipe

Dans notre profession, « Travailler en équipe » est un incontournable.

L'échange d'idées

Tout au long de votre apprentissage, je vous encourage fortement à considérer la possibilité d'échanger avec vos collègues. Une telle pratique, en sus d'une préparation individuelle adéquate, est un gage de succès, particulièrement pour les sujets importants ou complexes.

Voici les activités que je suggère.

- *Expliquer la matière à d'autres.* C'est l'une des meilleures façons de cristalliser sa propre compréhension des concepts à l'étude. Expliquer verbalement vous oblige à structurer votre pensée et à l'exprimer avec des mots justes.

  Les étudiants qui expliquent la matière à leurs collègues gagnent à tous les coups. Outre la satisfaction personnelle d'être utile à autrui, leur propre compréhension de la matière s'améliore. Je peux également ajouter qu'écouter les explications de quelqu'un qui n'aborde pas les choses de la même manière permet d'examiner les concepts sous un angle différent.

POINT DE VUE

Il m'apparaît particulièrement utile d'échanger entre collègues dans le contexte de la préparation d'un examen. Il va cependant de soi que l'une ou l'autre des activités de l'étude préalable, tel que décrit aux Parties 2 et 3, peut être réalisée en équipe. Deux amis, par exemple, peuvent faire quelques exercices ensemble. Après avoir cherché à résoudre un exercice donné, ils peuvent échanger leurs impressions et trouver la réponse aux interrogations qui se sont présentées. En outre, il est souvent utile de prendre connaissance de la manière dont un collègue assimile et retient l'information.

Je considère personnellement que tout étudiant doit réaliser l'essentiel de son étude de manière individuelle. C'est que l'effort d'apprendre par soi-même permet, entre autres d'identifier plus précisément ce qui ne va pas. Au cœur de la dynamique d'un groupe, ce n'est pas si évident d'identifier quelles sont ses propres faiblesses. Il faut donc confirmer, à un moment ou à un autre, sa propre compréhension des concepts ainsi que sa capacité à les appliquer. Il faut également considérer le fait que tous et chacun se retrouve seul avec lui-même lorsque vient le temps d'un examen.

Pour ma part, toute activité de synthèse de la matière à l'étude devrait tout d'abord faire l'objet d'un effort individuel. En d'autres termes, dans un premier temps, essayez de résumer la matière, de créer des tableaux ou diagrammes, de dessiner des schémas, de compléter votre glossaire ou d'élaborer des fiches-info. Dans un deuxième temps, le partage de l'information avec vos collègues vous permet de bonifier votre travail et de solidifier vos acquis.

**Échanger de l'information entre collègues?
CERTAINEMENT.
Obtenir le travail d'un autre sans effort?
ABSOLUMENT PAS.**

POINT DE VUE

Il est particulièrement intéressant et utile d'échanger sur les éléments critiques d'un sujet donné. À cette fin, les fiches-info que vous avez créées sont très utiles.

Revoyez ensemble les concepts clés d'un sujet.

Rappelez-vous les étapes à suivre.

Faites la liste des éléments requis pour un certain calcul.

Le fait d'échanger avec vos collègues facilite grandement la rétention de la matière au programme.

⟲ *Se poser des questions.* Il m'apparaît à la fois intéressant et motivant de faire l'exercice de se poser mutuellement des questions. Demandez à votre collègue la définition de ceci ou les avantages de cela. Énumérez-lui la liste des différences entre une société privée et une société publique. Ou encore, faites le tour des règles fiscales sur les divers avantages imposables que peut recevoir un employé. Et finalement, essayez de générer des exemples qui vous permettent de distinguer les frais de représentation des frais de publicité.

Si vous étiez le professeur, quelles questions poseriez-vous?

Je considère personnellement qu'il est très utile de s'imaginer quel genre de questions peut contenir l'examen. Je ne parle pas ici des questions qui ressemblent aux exercices et problèmes de votre volume de référence. Je désire plutôt que vous fassiez appel à votre imagination afin de vous demander, entre collègues, de quelle façon inédite tel ou tel aspect de la matière pourrait être questionné. Par exemple, au lieu de vous demander de calculer la charge d'intérêts, on pourrait plutôt vous donner directement ce montant, ainsi que le taux d'intérêt, pour vous demander à combien s'élevait le passif au début de la période. Se préparer à l'imprévisible vous apprend à développer votre capacité à réagir rapidement et correctement à toute situation différente ou nouvelle.

POINT DE VUE

Je vous suggère de chercher des exemples illustrant les concepts qui vous semblent plus difficiles à saisir. Faites des analogies avec les situations réelles de la vie courante. Par exemple, discutez entre collègues de la notion de « quantité économique de commande » (QÉC). Cherchez à visualiser ce concept pour un restaurant, par exemple, une usine de fabrication de jouets ou un magasin de meubles. Outre le fait de réviser le pourquoi et le comment du modèle de la QÉC, en discuter d'un point de vue pratique renforce votre capacité à l'utiliser et l'interpréter de manière adéquate.

Certes, il se peut fort bien que l'examen ne soit pas du tout bâti comme ces scénarios que vous pouvez entrevoir. Toutefois, savoir comment répondre à des questions posées de manière différente stimule votre esprit d'analyse et confirme votre compréhension de la matière. Le risque d'être déstabilisé ou surpris par une question d'examen est alors diminué.

© Comment réussir ses études en comptabilité

**L'échange d'idées entre collègues
aide à diminuer la nervosité pré-examen.**

La correction inter-collègues

Je vous suggère de demander régulièrement à l'un ou l'autre de vos collègues d'évaluer ce que vous faites, du point de vue quantitatif ET du point de vue qualitatif. Choisissez un exercice ou un problème, résolvez-le, puis demandez à votre collègue de le corriger pendant que vous faites de même pour lui. Le fait de savoir que votre réponse sera lue et évaluée par quelqu'un d'autre bonifie la simulation des conditions d'examen.

L'objectif d'une correction inter-collègues est de relever objectivement vos forces et vos faiblesses dans le développement de vos réponses. Connaître la matière est une chose, savoir comment répondre à ses examens de manière efficiente en est une autre. Cette évaluation inter-collègues doit donc aller au-delà du contenu proprement dit et s'intéresser également à la présentation des idées.

Voici une liste d'attitudes à se rappeler lorsque vous pratiquez cette activité.

- *Être objectif.* Un correcteur d'examen lit les mots qui sont écrits, noir sur blanc, sans en ajouter ni en enlever. Il ne peut certes pas présumer de ce que l'autre personne a voulu dire. Autrement dit, il ne peut compléter la réponse lorsqu'une idée n'est pas claire ou lorsqu'un chiffre n'est pas expliqué.

  En fait, il faut réaliser qu'un correcteur n'évalue pas directement les connaissances d'une personne mais plutôt les connaissances qu'elle a inscrites dans sa réponse. Il y a bien souvent un décalage entre les deux et la correction inter-collègues permet de mettre en évidence une telle situation.

Le correcteur évalue les mots écrits, ni plus ni moins.

94

RÉPONSE ANNOTÉE PAR UN CORRECTEUR

En quoi est-ce que l'impact est négatif?

CAR?

Fais une phrase complète!

réf. p. 63

c) Facteurs négatifs

    - impact sur clients actuels

N.B. Ici, il manque des mots pour que le correcteur comprenne le sens exact et complet de l'idée. Il ne peut certainement pas les ajouter sur la feuille de l'étudiant!

POINT DE VUE

La correction inter-collègues est une bonne occasion de vérifier si votre écriture est lisible. Certains étudiants écrivent en caractères très petits ou forment à peine leurs lettres qui finissent alors par toutes se ressembler. D'autres utilisent une panoplie de signes et d'abréviations que nul ne reconnaît à part eux. Et finalement, certains utilisent un style trop télégraphique, rendant la saisie des idées trop difficile.

Ne perdez pas de vue le fait que le correcteur doit comprendre votre texte sans éprouver de difficulté. Rien ne doit ralentir sa lecture. Faites en sorte qu'il s'attarde sur le contenu de votre réponse et non sur le contenant. Dans les circonstances, je vous rappelle qu'aérer le texte ou les calculs de la réponse favorise la compréhension du lecteur.

☺ *Être constructif.* L'objectif de cette activité est de vous aider mutuellement à améliorer votre façon de répondre. Il ne faut donc pas seulement critiquer, mais suggérer des solutions ou d'autres façons de faire. Vous trouvez que l'idée est exprimée de manière trop générale ou que la justification du résultat obtenu est incomplète? Indiquez à votre collègue ce qui manque.

La synergie créée par le partage d'idées est très stimulante.

© Comment réussir ses études en comptabilité

⊘ **Être créatif.** Lorsque vous corrigez la réponse de l'un de vos collègues, faites preuve de créativité. Vous pouvez, par exemple, barrer tous les mots inutiles d'un long texte, ou écrire Ⓡ à côté des mots trop souvent répétés ou des phrases qui reprennent une idée déjà émise. N'hésitez d'ailleurs pas à utiliser des signes, tels que « ? », « ! » et « +/- » qui signalent brièvement ce qu'il y a à dire.

Réponse annotée par un correcteur

Sois sûr de toi!

...

~~Je pense qu'~~il faut plusieurs documents pour faire un rapprochement bancaire.

POINT DE VUE

L'un des avantages de la correction inter-collègues est de prendre connaissance de différentes façons d'écrire. Vous pouvez ainsi remarquer un style d'écriture plus efficient que le vôtre.

Votre collègue, par exemple, peut avoir présenté la liste des avantages et des inconvénients sous la forme d'une énumération placée en retrait. Il s'agit d'une bonne idée, à retenir lorsque vous devez fournir une « liste » d'éléments.

Un autre peut avoir créé un tableau de trois colonnes pour l'analyse financière par ratios : la formule du ratio, son calcul, puis son interprétation. Il s'agit d'une bonne idée, à retenir lorsque vous désirez classer l'information en fonction de critères répétitifs.

Et finalement, lorsque vous avez utilisé les mots « budget des encaissements et des décaissements » en guise de synonyme à « budget de caisse », c'était une bonne idée. Vos collègues pourront la retenir lorsqu'ils ne se rappelleront pas exactement du terme à utiliser.

La façon d'apprendre n'est pas la même pour tous.

Voici d'autres exemples de commentaires pouvant être écrits sur la réponse du collègue que vous corrigez.

- « Il faut tenir compte des indices de la question. Tout est exprimé en semaines, alors exprime le résultat final en semaines. »

- « Ta conclusion est très claire. Super! »

- « Tu peux dire IMMO au lieu de Immobilisations, pour aller plus vite. »

- « L'expression *tourner autour du pot* n'est pas appropriée. »

- « Tu ne réponds pas à la question. On demandait de suggérer des moyens pour améliorer la situation. Toi, tu as plutôt expliqué pourquoi il y a un problème.
Ce n'est pas la même chose! »

Les travaux écrits

Il arrive que la préparation d'un travail écrit fasse partie des exigences requises à la réussite d'un cours. Cela prend régulièrement la forme de simulations où, par exemple, diverses opérations commerciales doivent être inscrites dans les livres comptables. Mentionnons également les simulations boursières ou l'élaboration d'un plan d'affaires.

La plupart des conseils avancés dans le présent volume sont toujours valables, telle la nécessité de répondre à chaque demande, par exemple.

POINT DE VUE

Certains étudiants mettent systématiquement de côté les travaux de peu de points. En d'autres termes, ils ne les font pas. Vous ne serez pas surpris de lire que je n'adhère pas à cette stratégie. D'une part, chaque travail, peu importe son pointage, est utile à votre apprentissage. D'autre part, 3 points, par exemple, peuvent faire la différence entre B^+ et A^-. Et, les points que vous pouvez obtenir lors de travaux écrits sont généralement davantage accessibles – c'est-à-dire moins incertains – que les examens.

Voici ce qu'il faut retenir lorsqu'il s'agit d'effectuer des travaux écrits.

- *Respecter les consignes.* Dans la réalisation d'un travail écrit, il faut considérer le fait que vous disposez de temps pour le peaufiner. Les fautes d'orthographe et de grammaire, qui peuvent être pardonnées lorsqu'il s'agit d'un examen écrit dans un temps limité, doivent être évitées. En fait, il faut présenter le travail en bonne et due forme, en respectant les consignes du professeur ainsi que les règles d'usage. Il est fort dommage de perdre des points sur des éléments de présentation qui sont facilement contrôlables.

- *Former un tout cohérent.* Il s'agit d'un défi à relever, particulièrement lorsque divers étudiants se partagent la tâche. Dans un monde idéal, le contenu du travail est essentiellement effectué en équipe. Dans la réalité, compte tenu des occupations de chacun, cela n'est pas toujours possible ni efficient.

Par expérience, je considère qu'il est à tout le moins nécessaire :

- que la planification du travail – plan détaillé de ce qu'il y a à faire – résulte de la participation de tous. Il faut également prévoir des rencontres régulières afin de faire le point et de revoir le partage des tâches, s'il y a lieu.

- qu'un processus de révision mutuelle du travail accompli soit prévu. Autrement dit, le travail de chacun des membres de l'équipe est lu et commenté par au moins un autre membre de l'équipe, et ainsi de suite.

- qu'une personne attitrée – voire deux – effectue la révision finale afin de s'assurer que le travail offre un tout cohérent. Cela ne devrait toutefois pas exempter cet étudiant de faire sa part quant au contenu proprement dit.

Le professeur ne devrait pas être en mesure de discerner les diverses parties rédigées par différents étudiants. Les parties d'un travail écrit doivent donc être ordonnancées de manière logique et s'imbriquer les unes aux autres, sans se contredire ou se répéter inutilement. Il faut donc prendre le temps de faire des liens entre elles.

Différentes parties → **Travail unique.**

98

> ## Se respecter
> ## et respecter ses collègues
> ## est un facteur clé de succès dans tout travail d'équipe.

◎ ***Relire le travail avant l'examen.*** Il fait partie intégrante du programme en cours. Comme il s'agit bien souvent d'une application des concepts dans un contexte particulier, relire le travail fait partie des « choses à faire » afin de se préparer à l'examen. Cela est d'autant plus utile lorsque vous n'avez pas directement travaillé sur l'une ou l'autre de ses parties. Si vous n'avez pas participé à l'inscription de la paie dans le Journal des salaires, par exemple, vous devez assurément réviser cette partie avant le test sur la régularisation des comptes.

Je souhaite à tous un grand Succès
et Merci d'apprécier mon travail.

www.ingramcontent.com/pod-product-compliance
Lightning Source LLC
Chambersburg PA
CBHW071435210326
41597CB00020B/3805